„Personale Rechtsgutslehre“ und
„Opferorientierung im Strafrecht“

Frankfurter kriminalwissenschaftliche Studien

Bd./Vol. 104

PETER LANG
Frankfurt am Main · Berlin · Bern · Bruxelles · New York · Oxford · Wien

Ulfrid Neumann
Cornelius Prittwitz
(Hrsg.)

„Personale Rechtsgutslehre“ und „Opferorientierung im Strafrecht“

PETER LANG
Internationaler Verlag der Wissenschaften

Bibliografische Information der Deutschen Nationalbibliothek
Die Deutsche Nationalbibliothek verzeichnet diese Publikation in der Deutschen Nationalbibliografie; detaillierte bibliografische Daten sind im Internet über <http://www.d-nb.de> abrufbar.

ISSN 0170-6918
ISBN 978-3-631-56860-6

www.peterlang.de

Inhalt

Vorwort VII

George P. Fletcher
Opfer und Opfer: die theologische Grundlage des Strafrechts 1

Klaus Günther
Die Person der personalen Rechtsgutslehre 15

Walter Kargl
Vertrauen als Rechtsgutsbestandteil 41

Ulfrid Neumann
»Alternativen: keine«. – Zur neueren Kritik an der
personalen Rechtsgutslehre 85

Cornelius Prittwitz
Personale Rechtsgutslehre und die »Opfer von morgen« 97

Ulrich Schroth
Das Rechtsgut der Körperverletzungsdelikte und seine
Verletzung. Zugleich ein Beitrag zur strafrechtlichen
Bewertung des ärztlichen Heileingriffs 113

Juarez Tavares
Die personale Rechtsgutslehre und die
Kriminalpolitik in Brasilien 129

Autoren 139

Vorwort

Aus Anlass des 65. Geburtstags von Winfried Hassemer fand im Juli 2005 in Frankfurt/Main ein wissenschaftliches Kolloquium zum Themenbereich »Personale Rechtsgutslehre und Opferorientierung im Strafrecht« statt. Der vorliegende Band versammelt die – für den Druck teilweise leicht überarbeiteten – Vorträge dieses Kolloquiums.

Dies ist also, wie auch der schmale Umfang des Bandes und die begrenzte Zahl der Autoren verdeutlichen, *keine Festschrift* für Winfried Hassemer. Anders als eine Festschrift ist er thematisch begrenzt und spiegelt damit nur einen Ausschnitt aus dem breiten wissenschaftlichen Werk von Winfried Hassemer.

Ausgangspunkt des hier dokumentierten Symposiums war die Überlegung von Winfried Hassemers Frankfurter Kollegen Dirk Fabricius, Klaus Günther, Walter Kargl, Ulfrid Neumann und Cornelius Prittwitz, den 65. Geburtstag Winfried Hassemers zum Anlass für einen Tag kollegialen Austausches über kriminalwissenschaftliche Grundfragen zu nehmen. Das sollte unsere Freude über den andauernden *status activus* des Institutsmitglieds Hassemer ebenso zum Ausdruck bringen, wie unser Bedauern, dass seine Tätigkeit als Richter und Vizepräsident des Bundesverfassungsgerichts die früher alltägliche Diskussion auf den Fluren des Instituts und im Dienstagsseminar der Frankfurter Kriminalwissenschaftler kaum noch zulässt.

Um eine intensive Diskussion zu ermöglichen, wurde der Kreis der Teilnehmer auf Frankfurter Kollegen sowie auf einige wenige auswärtige Kollegen, die Winfried Hassemer fachlich und persönlich besonders nahe stehen, beschränkt. Leider konnten nicht alle Eingeladenen der Einladung Folge leisten.

»Personale Rechtsgutslehre« und »Opferorientierung im Strafrecht« haben wir das Symposion betitelt, in der Hoffnung, mit diesen beiden Begriffen zwei Pfeiler von Hassemers Strafrechtsdenkens benannt zu haben, über die auch heute – und auch in Frankfurt – produktiv und kontrovers diskutiert werden kann. Die Erträge des Symposions legen wir hiermit vor, nicht ohne diese Gelegenheit zu nutzen, der STIFTUNG ZUR FÖRDERUNG DER INTERNATIONALEN BEZIEHUNGEN DER JOHANN WOLFGANG GOETHE-UNIVERSITÄT FRANKFURT AM MAIN, der NOMOS VERLAGSGESELLSCHAFT und dem PRÄSIDENTEN DER JOHANN WOLF-

GANG GOETHE-UNIVERSITÄT für großzügige Unterstützung des Symposions zu danken. Unser besonderer Dank gilt Herrn Wiss. Mitarbeiter Sascha Ziemann für die technische Erstellung und die Gestaltung des Bandes.

Frankfurt am Main
im Januar 2007

Ulfrid Neumann
Cornelius Prittwitz

Opfer und Opfer: die theologische Grundlage des Strafrechts

George P. Fletcher

Um Winfried Hassemers Beitrag zur Opferorientierung im Strafrecht zu würdigen, widme ich mich in diesem Aufsatz den weiteren Implikationen des Begriffs »Opfer« im Strafrecht und in der Kulturgeschichte des Westens. Meine These ist, dass wir den Terminus »Opfer« nicht verstehen können, ohne die Idee auf ihre Wurzeln im Buch Levitikus, dem dritten Buch des Alten Testamentes, zurückzuverfolgen. Dieser Ansatz mag säkulare Wissenschaftler überraschen und möglicherweise auch jene, die sich als offen gegenüber dem Glauben der Abrahamäischen Kulturländer betrachten. Die enge Verbindung zwischen Recht und Theologie wird in zeitgenössischen Studien selten als Thema angeschnitten. Wenn wir uns aber mit etwas Sprachsensibilität unsere Erfahrungen vor Augen führten, wären wir eher geneigt, den Einfluss des biblischen Denkens auf unseren Sprachgebrauch im gerichtlichen Alltag und in der Strafrechtslehre zu verstehen.

Das Opfer ist natürlich die Person, die durch das Verbrechen verletzt wurde. Er oder sie ist derjenige, der nach Joel Feinbergs berühmter Definition von »harm« ein »setting back (...) of an interest« erlitten hat[1]. Er blutet, ist verstümmelt oder bewusstlos geschlagen; sie wurde vergewaltigt oder gequält. Sie sind die Eigentümer, die Diebstahl, Erpressung, Unterschlagung oder Betrug erfahren haben.

Es gibt aber auch Bereiche, in denen es schwierig ist, zu entscheiden, ob der Begriff »Opfer« zu Recht verwendet wird. Der erste Bereich betrifft gerechtfertigte Handlungen. Eine Debatte entwickelte sich in dem U-Bahn-Verfahren gegen Bernhard Götz hinsichtlich der Frage, ob der Staatsanwalt zu Recht die vier jungen Leute, auf die Götz in der U-Bahn geschossen hatte, als »Opfer« bezeichnen durfte[2]. Die Verteidigung erhob Einspruch aus dem Grund, dass das Schießen als Notwehr gerechtfertigt war. In diesem Fall seien die verletzten jungen Männer nicht

---

1 *Joel Feinberg*, The Morality of Law, Vol. 1, S. 31–36 (OUP New York 1984).

2 *George P. Fletcher*, Notwehr als Verbrechen. Der U-Bahn-Fall Goetz, 1993.

wirklich Opfer. Ihr Angriff erst habe Götz' gewalttätige Erwiderung veranlasst. Der Verteidiger des Angeklagten meinte, die Verletzten seien die wahren Straftäter. Deswegen könnten sie keine Opfer sein. Meines Erachtens hat ihr Rechtsanwalt diesen Einwand ein wenig zu schnell hingenommen. Er stimmte zu, die Verletzten schlicht als »die vier jungen Männer« zu bezeichnen. Vielleicht trifft es zu, dass ein durch Notwehr Geschädigter nicht als Opfer zu bezeichnen ist, aber im Falle eines Entschuldigungsgrundes ist der Sprachgebrauch anders. Im Fall der Putativnotwehr liegt es näher zu sagen, dass die Verletzten echte Opfer sind. Obwohl John Hinckley nach dem versuchten Attentat auf Präsident Reagan aufgrund Unzurechnungsfähigkeit freigesprochen wurde, war es dennoch vollkommen angebracht, den damaligen Präsidenten als Opfer dieses Gewaltaktes zu bezeichnen. Im Götz-Fall wurde dies nie klar gestellt – und im amerikanischen Strafverfahren ist es auch nicht nötig klarzustellen, ob die Verteidigung sich auf Notwehr oder putative Notwehr beruft. Deswegen blieb es in der Tat offen, ob es angebracht wäre, die Verletzten im Götz-Fall als Opfer zu bezeichnen.

Die englische und die deutsche Sprache zeigen also größere Sensibilität für strafrechtliche Sachunterscheidungen als die amerikanische Strafrechtsdogmatik. Das amerikanische Schrifttum hat den hier zugrunde liegenden Begriffsaufbau gut ausgearbeitet, aber er bleibt der Praxis mehr oder weniger fremd.

Durch die Verwendung des Begriffs »Opfer« laufen wir Gefahr, die zugunsten des Angeklagten bestehende Unschuldsvermutung zu verletzen. Schließlich wissen wir nicht, wer das »Opfer« ist, bis über die Schuld des Angeklagten entschieden worden ist. Dies ist sehr klar etwa in Vergewaltigungsprozessen der Fall, wo wir bis zum Urteil nicht sicher sein können, ob die den Angeklagten belastende Zeugin wirklich als Opfer oder als einverständlich Mitwirkende zu betrachten ist. In einem Mord-Fall aber, wie z. B. in dem versuchten Attentat auf Präsident Reagan, dürfen wir schon im Vor- und im Hauptverfahren den Begriff des Opfers verwenden, ohne den Angeklagten dadurch zum Täter zu brandmarken, weil eine Leiche vorliegt und auf eine rechtswidrige Tat hindeutet.

Um diese begrifflichen Schwierigkeiten zu vermeiden, wäre es möglicherweise vorzugswürdig, von der »verletzten Partei« oder der Belastungszeugin zu sprechen, wenn wir z. B. in Fällen einer Vergewaltigung am helllichten Tag (*daylight rape*) das »Vorurteil« vermeiden möchten, dass der sexuelle Akt eine Straftat war. Andererseits würde die Aufgabe des Opfer-Konzeptes den Verlust eines wesentlichen Elementes im Prozess der Ermittlung strafrechtlicher Schuld beinhalten. Um genau zu verstehen, was wir verlieren würden, müssen wir in die biblischen Ursprünge von Schuld und Opfer eintauchen.

In praktisch allen Sprachen der biblischen Welt ist das Konzept der *victima* (Latein) linguistisch mit einer bestimmten Form von Tempelopfer verbunden. Im Hebräischen, so wie in der deutschen und in den slawischen Sprachen, wird dasselbe Wort für beides verwendet (Deutsch: *Opfer*, Polnisch: *offiera*, Russisch, *zhertva*). Auch in der »exotischen« ungarischen Sprache findet man dasselbe Wort (*áldozot*), das gleichzeitig das Opfer im Tempel- und im Gerichtsverfahren bezeichnet.

Die Urform in der Bibel, der Begriff des *korban*, taucht zum ersten Mal in Levitikus auf, um eine Reihe von fünf Opfern zu beschreiben. Die ersten drei beziehen sich auf die Zukunft (Levitikus 1-3), ohne Verbindung zu schlechten Handlungen in der Vergangenheit. Die vierte und fünfte Form von *korban*, allerdings, sind speziell mit sündhaften oder schuldigen Handlungen (*asham*) verbunden (Levitikus 4-5). Heutzutage heißt in einem israelischen Gerichtssaal und in der Alltagssprache *korban* derjenige, der von einer Straftat betroffen ist. Mit anderen Worten, das Opfer im Tempel hat sich in das Opfer eines Verbrechens umgewandelt. Und zwar in allen Sprachen der Länder der Abrahamäischen Welt, d.h. der Länder, deren Kultur vom Judentum, Christentum und Islam beeinflusst worden ist.

Dieses Phänomen der Sprachentwicklung verwundert. Wie kam es dazu, dass die Sprache des Gerichtssaals die Sprache der Bibel und des Tempels unbewusst und dennoch systematisch nachahmt? Im folgenden versuche ich eine Lösung der Problematik vorzulegen.

1. Schuld in ihren biblischen Ursprüngen

Fangen wir mit dem Begriff der Schuld an. In der biblischen Sprache bedeutet Schuld (*ashma*) gleichzeitig Sünde und Erlösung von Schuld. Sie weist manchmal auf Befleckung, manchmal auf Reinigung der Befleckung hin. Der Zweck der Opferung, der sogenannten Schuldopfer, ist es, den Menschen von seiner Schuld zu befreien.

Im 5. Kapital Levitikus lernen wir, worin die Schuld ursprünglich bestand. Zwei Arten von »schuldigen« Handlungen ergeben sich aus dem Berühren von Leichen durch einen Menschen. Die Toten sind eine Quelle der Befleckung. In den Worten Luthers: »wenn jemand etwas Unreines anrührt (...) womit der Mensch unrein werden kann und wusste es nicht und wird's inne und hat sich so verschuldet. (...)« (Levit. 5: 2-3). Um ihre Unreinheit zu beheben, soll die schuldige Partei gestehen und ein bestimmtes Tier dem hohen Priester als Opfer darbringen. Dieses Verfahren ist vom Sündeopfer, das in Levitikus 4:3-4 dargelegt wird, klar zu unterscheiden. Das Sündeopfer wird folgendermaßen geschildert:

»Wenn etwa der Priester, der gesalbt ist, sündigte, so dass er eine Schuld auf das Volk brächte, so soll er für seine Sünde, die er getan hat, einen jungen Stier darbringen, der ohne Fehler ist, dem Herrn zum Sündopfer. Und er soll den Stier vor die Tür der Stiftshütte bringen vor den Herrn und seine Hand auf den Kopf des Stieres legen und ihn schlachten vor dem Herrn.«

In diesem Sündeverfahren ist kein Schuldeingeständnis notwendig. In der Tat, da der Text vorschreibt, dass die Sünde als Ergebnis eines Fehlers oder eines Zufalls auftritt, gibt es nichts, worüber ein Geständnis abgelegt werden könnte. Der Sinn des Sündopfers ist, die Taten zu reinigen und zu vergeben, wofür Bestrafung nicht angebracht wäre. Das Ritual, in der der Priester die Hände auf den Kopf des zu opfernden Tieres auflegt, vervollständigt den Kreis des magischen Denkens, welches mit der Befleckung durch Kontakt anfängt und dann auf ein zu opferndes Tier übertragen wird.

Der Hauptunterschied zwischen den Fällen von »Sünde« in Levitikus Kap. 4 und denen von »Schuld« in Levitikus Kap. 5 ist, dass die letzteren notwendigerweise ein Schuldeingeständnis beinhalten. Sie setzen also ein Bewusstsein des falschen Verhaltens voraus, eine bestimmte Schuld im modernen Sinn zumindest an dem Punkt, an dem die vorherige Tat dem Handelnden bewusst wird. Es ist aber schwierig, die genaue Verbindung zwischen diesen Opferdarbringungen und dem modernen System der Strafe zu ermitteln. Der mittelalterliche jüdische Gelehrte Rashi schrieb, dass ein Sündopfer angebracht nur in dem Falle ist, dass die vorsätzliche Ausführung eine körperliche Strafe oder die Todesstrafe mit sich bringen würde. Es ist aber zweifelhaft, ob die gleiche Verbindung zwischen den Schuldopfern in Levitikus 5 und einer rechtswidrigen, strafbaren Handlung bestünde. Soweit ich weiß, würde nach biblischem Recht das vorsätzliche Berühren von Leichen nicht als Straftat geahndet. Dies ist aber genau die Grundlage des Schuldopfers. Anders als im 4. Kapitel wird im 5. Kapitel Levitikus nicht verlangt, dass die Schuld erzeugende Handlung durch Fehler oder Zufall zustandekommt.

Die geistreiche, im wesentlichen allen Fällen von Verbrechen und Schuld in der Bibel gemeinsame Unterstellung liegt darin, dass dasselbe Wort auf die die moralische Ordnung verletzende Tat und auf die die Ordnung wiederherstellende Bestrafung verweist. Man mag die Strafe, so wie Foucault ausführte,[3] als eine gedachte Wiederholung des Verbrechens beschreiben, genau wie Sünd- und Schuldopfer als Ritual, um Sünde und Schuld von der Welt zu verbannen, gedacht werden.

Dieser Dualismus – dasselbe Wort bezeichnet die befleckende Handlung und die reinigende Strafe – wiederholt sich in der biblischen Behandlung von anderen Übeltaten und ihrer Ahndung. Ein gutes Beispiel ist eine Doppeldeutigkeit in der Geschichte von Kain und Abel, die den meisten Lesern übersetzungsbedingt schlichtweg unbekannt ist. Als Kain Abel tötet und Gott wahrnimmt, dass Abels Blut von dem Grund heraufklagt, verurteilt Gott Kain dazu, ein Flüchtling und Wanderer zu sein. Dies ist in der Tat eine angemessene Strafe für die Ermordung des Bruders: Kain hat sich der Familie beraubt und soll daher ohne Wurzeln und ungebunden leben. Zu diesem Zeitpunkt antwortet Kain mit dem berühmten Einspruch, »dass sein *avon* zu viel für ihn zu tragen ist« (Genesis 4:13).

Ich habe das Wort *avon* in dem letzten Satz unübersetzt gelassen, weil die Übersetzung genau den Kern der Auseinandersetzung bildet. *Avon* kann sich sowohl auf das Verbrechen, als auch auf die Strafe beziehen. Die übliche Übersetzung ist Strafe, vielleicht weil Gott gerade Kains Verbannung ausgesprochen hat und diese Übersetzung Kain in dem unattraktiven Licht desjenigen zeigt, der sich für Mitleid und Barmherzigkeit im Urteilspruch einsetzt.

Eine langjährige Tradition befürwortet aber die Übersetzung von *avon* nicht als Bestrafung, sondern als Verbrechen. Dieser Gebrauch beginnt scheinbar mit der Vulgata, die das Wort mit *ininquitas* wiedergibt, also als: »Meine Missetat ist mehr als ich tragen kann.« Luther folgte mit der Übersetzung von *avon* als Sünde: »Meine Sünde ist mir größer denn dass sie mir vergeben werden möge.« Der zeitgenössische französische jüdische Übersetzer Andre Chouraqui fängt die Idee mit einem Begriff ein, der amerikanischen Anwälten vertraut ist: »Mon tort est trop grand pour être porté.« Ob die korrekte Übersetzung nun »Sünde« oder »Vergehen« ist, beide europäischen Übersetzer schlagen einen Weg ein, der

3 *M. Foucault*, Überwachen und Strafen (1994).

sich von der üblichen Entscheidung der englischen Übersetzungen für »Strafe« anstelle von »Missetat« unterscheidet.

Wenn nun die korrekte Übersetzung von »*avon*« zweifelhaft ist, so besteht das gleiche Problem in Bezug auf das Konzept von Schuld im Buch Genesis. In den ersten beiden Fällen beschreibt der Ausdruck im wesentlichen dasselbe wie in Levitikus 4:3, wo gesagt wird, dass der Priester, »der gesalbt ist«, Schuld auf seine Leute bringen kann. Abimelech entdeckt, dass Rebecca nicht wirklich Isaaks Schwester ist und rügt Isaak, dass er die Männer des Dorfes in Versuchung führe, mit ihr zu schlafen, als ob sie eine ledige Frau wäre. Wenn sie, selbst ohne ihr Wissen, Ehebruch begangen hätten, so hätten sie »Schuld auf uns« gebracht (Genesis 26:10). Die »Schuld« in dieser Passage ist etwas wie ein Schmutzfleck auf dem Land, eine Art Verunreinigung.

In der zweiten Erwähnung von »Schuld« in Genesis, in der Mitte der Joseph-Geschichte, inszeniert Joseph eine Situation, die dazu geschaffen ist, seinen Brüdern Verständnis für das zu verschaffen, was sie ihm Jahre zuvor angetan haben, als sie ihn in ein Loch warfen und verließen. Zuerst schlägt Joseph vor, dass die Brüder einen aus ihrer Gruppe senden, um ihren jüngeren Bruder Benjamin zu holen. Anschließend macht er es unverzüglich unmöglich für sie, diesem Ratschlag zu folgen, indem er sie für drei Tage einsperrt. Er sät in ihnen die Idee, dass sie sich eines weiteren Bruders beraubt haben, indem er die Brüder auf eine Mission nach Kanaan, Benjamin zu holen, sendet, und erinnert sie dann an das, was sie ihm, Joseph, antaten, indem er sie alle einsperrt.

Anschließend erscheint Joseph ihnen und macht einen bemerkenswerten Appell an ihr moralisches Bewusstsein, indem er sagt »Ich fürchte Gott.« (Genesis 42:18). Das Äquivalent wäre heute: »Ich bin eine moralische Person« oder »Ich antworte einer höheren Gewalt.« Joseph versucht seine Brüder dazu zu bewegen, ihr eigenes moralisches Bewusstsein auf ihre feindselige Tat in seiner Jugend endlich anzuwenden.

Als eine »moralische Person« teilt Joseph seinen Brüdern mit, dass sie Getreide nach Kanaan bringen und Benjamin abholen sollen, aber einen Bruder als Pfand zurücklassen müssen. Zu diesem Zeitpunkt sind die Brüder so bewegt, dass sie gestehen: »Und sie sagten zueinander: Aber wir sind schuldig [*asham* im Plural] bezüglich unseres Bruders.« Sie erleben ein Erwachen ihres Gewissens, als ob sie die Bedeutung ihrer Tat zum ersten Mal wahrnähmen.

Obwohl dies eine natürliche und vernünftige Lesart der Geschichte darstellt, gibt es eine alternative Deutung, gestützt auf die Übersetzung des ausschlaggebenden Wortes (*asham*) als Bestrafung anstatt Schuld. In einer Übersetzung, die in einem führenden Kommentar der Reformbewegung der jüdischen Gemeinschaft in Amerika benutzt wird, lautet die Passage: »And they said to one another, ›Alas, we are being punished on account of our brother, because we looked on at his anguish.‹«[4] Diese Übersetzung ist ungewöhnlich. Die Vulgata, Luther, und Chouraqui betonen alle, obgleich in unterschiedlichem Ausmaß, die Schuld der Brüder mehr als eine von Joseph angelegte Strafe. Der wichtige Vorbehalt, den man dabei machen sollte, ist, dass es bei diesen Auseinandersetzungen keine wahre Übersetzung gibt. Das Wort *asham* bedeutet sowohl Schuld als auch Strafe und es ist daher dem Übersetzer überlassen, die Geschichte auf eine Weise zu deuten, die den theologischen and moralischen Inhalt am besten wiedergibt.

In all diesen Fällen von Kain bis Joseph würde ich persönlich die Geschichten so lesen, dass ein Eingeständnis von Schuld anstatt der Verhängung einer Strafe in den Vordergrund tritt. Sein Gestehen macht das Subjekt menschlich und verleiht ihm eine Aura von Bescheidenheit. Beschwerden über Bestrafung, ob im Fall von Kain oder von Josephs Brüdern, gestalten diesen »menschlichen Akt« in einen von Eigeninteresse geleiteten Versuch um, die gerechten Folgen der Tat zu umgehen.

2. Der Dualismus des Opferseins

Kehren wir zu dem bemerkenswerten Sprachphänomen zurück, dass in praktisch allen Sprachen der Abrahamäischen Kultur das Wort für Opfer in einem Kriminalverfahren dasselbe ist wie das Wort für Opfer in den ersten fünf Kapiteln von Levitikus. Jede der fünf Formen von Opfer wird als *korban* beschrieben, und dies ist das Wort, das heutzutage in Israel gebraucht wird, um Opfer in Kriminalverfahren zu beschreiben. Dieselbe Korrelation ist in allen lateinischen, germanischen, slawischen und semitischen Sprachen zu finden. Es ist sogar der Fall im Ungarischen und im Türkischen. Im modernen Griechisch begegnet uns das gleiche Wort für Opfer eines Verbrechens (*tema*), das im antiken Griechenland das Opfer an die Götter bezeichnete. Dies ist eine bemerkenswerte

4 The Torah: A Modern Commentary 41:21 (*G. Plaut* ed. 1981).

Bestätigung der sprachlichen Verbindung, weil es auf eine Quelle außerhalb der Bibel zurückgeht – obgleich die Frage offen bleibt, ob das Christentum in Griechenland ein notwendiger Faktor in der Evolution dieser Korrelation im modernen Griechisch war.

Wenn der Gleichklang zwischen »Opfer im Tempel» und »Opfer im Gericht« nur in der deutschen oder der englischen Sprache bestünde, könnte man dies als reinen Zufall betrachten. Die beinahe universelle Korrelation aber in den Sprachen von Judentum, Christentum und Islam deutet auf eine tiefere strukturelle Verbindung zwischen den beiden Formen von Opfern hin.

Die sprachlichen Faktoren sind so bemerkenswert und so überraschend, dass das Schweigen der Gelehrten darüber erklärungsbedürftig ist. Aber es gibt keine einfache Erklärung, warum diese erstaunliche Korrelation in der Sprachentwicklung keinen Kommentar in der Rechtsgeschichte gefunden hat. Joel Feinberg ist der einzige mir bekannte Wissenschaftler, der das Phänomen wahrgenommen hat, und dabei hat er nur zur Kenntnis genommen, dass das Wort »victima« in den romanischen Sprachen diese Zweideutigkeit genießt[5].

In Hinblick auf die Neuartigkeit des Themas mögen einige theologische und philosophische Spekulationen angebracht sein. Die erste Reaktion vieler, denen dieses Rätsel vorgetragen wird, ist die Annahme, dass die beiden Arten von Opfer wirklich identisch sind. Aber wir sollten bezüglich dieses Punktes keine Verwirrung erlauben. Das Opfer eines »Götteropfers« ist in einer Ehrenposition. Mein Lieblingsbeispiel zur Erläuterung dieser These ist der Streit zwischen verschiedenen Schulen des Islams, ob Abraham von Gott befohlen wurde, Isaak, den Vorvater des jüdischen Volkes, oder Ishmael, den Vorvater der Araber, zu opfern. Obwohl der Koran nur ohne Namen auf den »Sohn« verweist, besteht eine Schule des Islams darauf, dass die Ehre Ishmael zuzuschreiben ist und eine andere Schule erkennt – dem biblischen Text folgend – an, dass die Ehre Isaak zufällt. Die Gelehrten würden sich nicht um diesen Punkt streiten, wenn um etwas Negatives und nicht um etwas Positives ginge. Das »Opfer» bei einem Gottesopfers zu sein, ist eine begehrte Ehrenposition, die nicht mit dem gefürchteten Schicksal, Opfer eines Verbrechens zu werden, verwechselt werden darf.

---

5 See *Feinberg*, op. cit, at xxx.

Es gibt keinen einfachen Weg, dieses Rätsel zu umgehen: Wie kann dasselbe Wort durchweg auf zwei fundamental verschiedene sozialen Rollen, das Opfer einer Opfergabe und das Opfer eines Verbrechens, verweisen? Zwei mögliche Erklärungen sind mir begegnet, und beide ergeben sich aus Themen in dem biblischen Material. Eine unterstreicht die Rolle Gottes in der Entscheidung, wer leben und wer sterben soll. Die andere ist eng mit den Institutionen von Schuld und Opfer in Levitikus verbunden.

So wie Gott üblicherweise verstanden wird, beinhaltet die göttliche Autorität die exklusive Macht über die Entscheidung, wer leben und sterben soll. Wie in der berühmten Geschichte des Opfers von Isaak berichtet (Genesis 21), kann Gott sogar menschliche Opfer fordern, und in dem christlichen Verständnis dieser Praxis hat Gott seinen eigenen Sohn geopfert. Das Opfer ist eine Tat der Buße, also der harmonischen Vereinigung von Mensch und Gott (*atonement* auf English oder »at-onement«), Menschen aber mögen diese Entscheidungen über Leben und Tod anderer nicht fällen. Wenn Menschen versuchen, sich dieser göttlichen Funktion zu bemächtigen, begehen sie einen Akt der Blasphemie. Sie handeln als ob sie Gott wären. Diese Usurpation liegt in der Tat des Tötens oder, in Fällen der Vergewaltigung, in der Entscheidung des Verbrechers, dass der Körper nicht dem Opfer selbst, sondern ihm gehört. Dies geschieht auch in Fällen von Diebstahl, in denen der Dieb entscheidet, dass er die Sache eher verdient als der Besitzer.

Diese elementaren Verbrechen stellen einen Bruch mit dem Gleichheitsprinzip dar, das in der Genesis aus der Erschaffung aller Menschen nach dem Ebenbild Gottes begründet wird (Genesis 1:27). In diesem Sinn antworten die Talmudischen Rabbis dem Antragsteller, der wissen will, ob er töten darf, um sein eigenes Leben zu schützen: »Was macht Dich denken, dass Dein Blut roter ist als seines?« Wenn wir als erdgebundene Kreaturen entscheiden, wessen Interessen geopfert werden sollen, maßen wir uns eine Funktion der göttlichen Souveränität an.

Das einzige Problem mit dieser Theorie ist, dass in den Ritualen von Levitikus Menschen die Tiere auswählen, die als Opfer dargebracht werden sollen. Ihre Handlung wird als Folge des göttlichen Gebots verstanden, aber trotzdem haben sie eine gewisse Wahl, welches Wesen leben und sterben soll. Vielleicht ist dies in Bezug auf Tiere erlaubt, also einem Geschöpf niederer Ordnung, aber Gottes Befehl ist unerlässlich, um das Opfer eines Menschen zu legitimieren. Und dies ist auch nicht vollständig wahr. In der Geschichte von Jepthah, die im Buch der Richter, 11. Kapitel, berichtet wird, schwört Jepthah, dass er, falls der Krieg in seinem Sinne ausgehen sollte, die erste Person opfern wird, die aus seinem Haus tritt. Wie es geschieht, ist diese Person seine Tochter. Obwohl der Text nicht eindeutig ist, scheint er seinen Schwur in die Tat umgesetzt zu haben. Gott spielt hierin keine Rolle – vielleicht abgesehen von seiner Kontrolle über die Ereignisse, die zu dem Opfer geführt haben.

Abgesehen von der Geschichte von Abraham und Isaak und natürlich des christlichen Opfers von Calgary ist Gottes Rolle in der Entscheidung der Identität der Geopferten beschränkt geblieben. Wir müssen daher womöglich an anderen Stellen schauen, wenn wir die enge Verbindung zwischen Sakral- und Verbrechensopfer verstehen wollen.

Die Opferriten in Levitikus gründen auf einer grundsätzlichen Unterscheidbarkeit von Schuld und Unschuld. Die Grundlage der Opferung liegt in der Darbringung des *korban,* des Opfers, auf welches der Schuldige seine Schuld überträgt. Die Schuld kann auf ein vollständig unschuldiges lebendes Wesen übertragen werden, was voraussetzt, dass die Welt in zwei Kategorien geteilt ist: die Schuldigen und die Unschuldigen.

Dieselbe Annahme liegt – zu Recht oder zu Unrecht – auch dem modernen Strafrecht zugrunde. Ein Prozess scheidet die Schuldigen von den Unschuldigen. Etwas dazwischen ist kaum vorstellbar. Auch wenn die Opfer von Straftaten zu ihrem Schicksal beitragen, indem sie beispielsweise nachts im Park herumlaufen oder sich mit gewalttätigen Leuten einlassen oder ihr Auto unverschlossen halten, ziehen wir ihr Mitverschulden nicht von der Schuld des Täters ab. Es gibt im deutschen StGB keine dem Paragraphen 254 BGB vergleichbare Bestimmung. In einigen Fällen mag zwar die Rolle des Opfers bei der Frage der Kausalität oder der Tatherrschaft in die Untersuchung eingehen. Aber im Prinzip wird das Verschulden des Opfers nicht mit dem des Täters verglichen.

Dieser Befund stimmt ebenfalls, so glaube ich, hinsichtlich der Strafzumessung – zumindest soweit es die *Federal Sentencing Guidelines* in den Vereinigten Staaten betrifft. Zwar kennen die *Guidelines* eine Ausnahme vom allgemeinen Prinzip der Nichtanrechnung des Mitverschuldens des Opfers, nämlich soweit die Provokation des Opfers als Schuldminderungsgrund in die Strafzumessung bezüglich des Täters eingeht. Im frühen *common law* wurde diese Ausnahme so konstruiert, dass aus der Provokation geschlossen wurde, das Opfer habe zu seiner eigenen

Tötung beigetragen. Aus diesem Grund wurde die Strafe für das Verbrechen von der für Mord (murder) in die für Totschlag (manslaughter) umgewandelt. In der späteren Entwicklung der Rechtsfigur der Provokation wurde jedoch die Betonung auf den psychologischen Zustand des Angreifers verschoben, und die Strafmilderung wurde vom Kausalbeitrag des Opfers zur Tat abgelöst.

Mit etwas soziologischem Grundlagenwissen sollten wir jedoch erkennen, dass die klare Dichotomie zwischen dem Schuldigen und dem Unschuldigen die Welt verzerrt darstellt. Viele, wenn nicht die meisten, Morde und Diebstähle sind das Ergebnis einer Interaktion zwischen dem Täter und dem Opfer. Die meisten Mordopfer sind mit ihrem Mörder bekannt. Opfer von Betrug und Untreue stehen schon definitionsgemäß in einem geschäftlichen Verhältnis zu dem, der sich ihr Vermögen zueignet. Und natürlich sind viele der statistisch erfassten Vergewaltigungen solche, bei denen der Täter mit dem Opfer bekannt ist.

Das Deliktsrecht ist weit fortgeschrittener darin, der Beziehung zwischen dem Opfer und dem Urheber der unerlaubten Handlung Bedeutung beizumessen. So erleben wir im *common law* den Siegeszug der Schuldabwägung, und die Teilung der Verantwortung zwischen den Beklagten ist zur normalen Praxis geworden. Dass diese Betrachtung der Interaktion zwischen Täter und Opfer zwar im Deliktsrecht möglich ist, im Strafrecht dagegen nicht, lässt sich auf einfache Weise erklären. Anders als das Strafrecht ist das Deliktsrecht nicht mit dem theologischen Hintergrund von Schuld und Opfer belastet. Obwohl den meisten Strafrechtlern der historische Zusammenhang nicht bewusst ist, ist ihr Denken immer noch von der Weltanschauung beherrscht, die im Buch Levitikus dargelegt ist.

Vielleicht ist es gerade deswegen, weil es so nahe liegt, Opfer mit Tätern als Miterzeuger des Schadens anzusehen, dass wir im Strafrecht genau das Gegenteil betonen. Das Strafrecht teilt damit die Welt in die grundverschiedenen Kategorien von Gut und Böse ein. Die Dichotomie kann auch herangezogen werden, um jede Verantwortlichkeit der Gesellschaft für das Fehlverhalten der Täter zu leugnen. Indem wir an den Konzepten von Schuldigsein und Opferrolle festhalten, berufen wir uns gewissermaßen auf den theologischen Hintergrund, um damit die Wirklichkeit des Verbrechens in unserer Zeit zu verfälschen.

Es gibt daher zwei verschiedene Ansätze zum sprachlichen und kulturellen Phänomen, das wir zum Anfangspunkt unserer Betrachtung genommen haben, nämlich die erstaunliche Doppelbedeutung des Wortes Opfer (*victima, korban, ofiera, tema, áldozot*), welche einerseits für Sakralopfer, andererseits für Verbrechensopfer gebraucht wird. Der erste Ansatz, welcher die Blasphemie und die Usurpation göttlicher Gewalt betont, stellt die theologischen Annahmen in den Mittelpunkt, die hinter unserem Begriff der rechtswidrigen Handlung stehen. Als Täter handelt rechtswidrig, wer das im Buch Genesis niedergelegte Prinzip der Gleichheit verletzt, indem er sich Gottes Vorrecht bemächtigt, das Opfer, insbesondere das Menschenopfer, auszusuchen.

Der zweite Ansatz richtet den Blick auf das Konzept der Schuld, so wie es im Buch Levitikus gebraucht wird und wie es im Opferkult zum Ausdruck kommt, der dazu bestimmt war, die Welt von der Schuld zu reinigen, indem er diese auf ein unschuldiges und verletzliches Tier überträgt.

Die zwei unterschiedlichen Ansätze nehmen die in der deutschen Strafrechtsdogmatik des 20. Jahrhunderts entwickelte Unterscheidung zwischen Rechtswidrigkeit und Schuld vorweg. Die Theorie der Usurpation stellt die Natur der rechtswidrigen Handlung in den Mittelpunkt. Unrecht ist, das zu tun, was nur Gott erlaubt werden soll. Kein Mensch ist befugt, über das Schicksal seines Nachbars zu entscheiden. Nur Gott entscheidet, wer lebt und wessen Interessen unbeeinträchtigt bleiben. Wenn Menschen sich diese Rolle anmaßen, erleben wir unmittelbar Übel und Unrecht vor uns. So lautet die erste These.

Der alternative Ansatz betont die zentrale Rolle des Unschuldigseins im Opferritual. Das ausgewählte Tier muss, wie Luther die Bibel übersetzte, immer »ohne Fehler« sein. Das heißt, die Schuld kann nur auf die Unschuldigen übertragen sein. Opfer sind unschuldig. Das stimmt gleichermaßen für das Opfer an Gott und das Opfer einer Straftat.

Woher diese Korrelation stammt und wie sie zustande kam, bleibt ungeklärt. Die Verbindung zwischen beiden Bedeutungen des Begriffs taucht in der Bibel nicht auf. Das Wort »Opfer« (*korban*) wird in der Bibel nie hinsichtlich des Opfers eines Verbrechens gebraucht. Die Korrelation stammt wahrscheinlich aus der frühen christlichen Epoche, in der man begann, Jesus als das »*korban*« der Kreuzigung zu bezeichnen, wobei er wohl als »*korban*« oder Opfer in beiden Sinnen verstanden wurde. Er war gleichzeitig das Lamm, das geopfert wurde, um die Menschheit zu erlösen, und das Opfer von Folter und ungerechter Verfolgung. Die christliche Vorliebe für theologische Widersprüche machte es möglich, das Wort »Opfer« in dem doppelten Sinne zu gebrauchen, den wir im modernen Strafrecht wiedererkennen. Er zeigt sich auch darin, dass wir kaum vom Strafprozess reden können, ohne Sympathie mit dem Opfer und den Opferrechten zu haben. Das trifft umso mehr für das Völkerstrafrecht zu, in welchem eine Leidenschaft sichtbar wird, Opfern von Massenverbrechen Gerechtigkeit widerfahren zu lassen.

Die Person der personalen Rechtsgutslehre

Klaus Günther

Die personale Rechtsgutslehre definiert Rechtsgüter als »strafrechtlich schutzbedürftige menschliche Interessen.«[1] Diese Definition soll eine Kritik kriminalpolitischer Tendenzen ermöglichen, das Strafrecht für ausschließlich oder überwiegend gesellschaftlich bestimmte Interessen zu instrumentalisieren. Gerechtfertigt werden solche Tendenzen mit einem Rechtsgutsbegriff, der kollektive Güter oder Güter der Allgemeinheit für strafrechtlich schutzbedürftig erklärt, auch wenn sie bestenfalls nur lose mit elementaren individuellen menschlichen Interessen verbunden sind. Die personale Rechtsgutslehre soll umgekehrt kollektive Interessen »von der Person her« funktionalisieren[2]; ihre strafrechtliche Schutzbedürftigkeit soll sich also danach richten, ob und in welchem Maße sie jeweils den menschlichen Interessen dienen. Sie wendet sich damit gegen Bestrebungen, den Schutzbereich des Strafrechts sachlich, zeitlich und sozial immer weiter auszudehnen in solche Zonen, in denen Personen mehr Objekt als Subjekt sind.

Der Rechtsgutsbegriff wird von der personalen Rechtsgutslehre also vor allem negativ bestimmt. Das Attribut »personal« bedeutet dann so viel wie »individuell« (im Gegensatz zu »gesellschaftlich« oder »überindividuell«) oder »menschlich« (im Gegensatz zu »staatlich«, »institutionell« oder »funktional für soziale Systeme«). Damit nimmt diese Lehre Stellung zu dem Streit zwischen monistischen und dualistischen Rechtsgutskonzeptionen. Während die letzteren Universal- und Individualrechtsgüter ohne weitere Begründung nebeneinander bestehen lassen, suchen die ersteren für beide Arten von Gütern nach einem einheitlichen rechtfertigenden Rahmen.[3] Innerhalb der monistischen Konzeptionen wird

---

1 *Winfried Hassemer,* Grundlinien einer personalen Rechtsgutslehre, in: Lothar Philipps u. Heinrich Scholler (Hrsg.), Jenseits des Funktionalismus: Arthur Kaufmann zum 65. Geburtstag, Heidelberg 1989, S. 85–94 (S. 91).

2 Ebd., S. 92.

3 *Winfried Hassemer / Ulfrid Neumann,* Nomos Kommentar zum Strafgesetzbuch, 2. Aufl. Baden-Baden 2005, hrsg. v. Urs Kindhäuser, Ulfrid Neumann u. Hans-Ullrich Paeffgen, Vor § 1 Rn. 127.

die einheitliche Begründung entweder auf einen Vorrang der Universalrechtsgüter oder der Individualrechtsgüter gestützt – die nachrangige Position des jeweils anderen Typs ergibt sich dann aus der Funktion, welche dieser für den jeweils vorrangigen ausfüllt. Die personale Rechtsgutslehre vertritt daher eine monistische Konzeption, nach welcher die Individualrechtsgüter Vorrang besitzen und die Universalrechtsgüter aus ihrer Funktion für die Befriedigung der (strafrechtlich vorrangig geschützten) individuellen menschlichen Interessen gerechtfertigt werden.

Ob dieser einheitliche rechtfertigende Rahmen, den die personale Rechtsgutslehre zieht, seine Aufgabe auch tatsächlich erfüllen kann, hängt indes nicht allein von jener negativen Definition ab. Vielmehr wächst mit dieser Aufgabe die Last, positiv zu bestimmen, wodurch sich die Person vor Staat und Gesellschaft auszeichnet, welche »menschlichen« Interessen spezifisch für Personen und inwiefern Universalrechtsgüter funktional für diese Interessen sind. Erst dann ließe sich auch positiv begründen, warum bestimmte Interessen als strafrechtlich schutzwürdige Rechtsgüter gelten sollen. Hassemer gibt dazu nur einen – in seinem Gewicht allerdings erheblichen – Hinweis auf die »liberale Staatskonzeption.«[4] Allen Spielarten des Liberalismus ist wenigstens der *normative* Vorrang des Individuums vor der Gesellschaft eigentümlich, mit der Folge, dass es auch die Individuen sind, die primär über ihre Interessen und die Mittel und Wege zu ihrer Befriedigung bestimmen, und den Staat in eine diesen Zwecken dienende Rolle verweisen. Damit hören aber die Gemeinsamkeiten auch schon auf.[5] Die Berufung auf diese Tradition ist daher noch zu vage, um damit bereits über einen einheitlichen rechtfertigenden Rahmen zu verfügen. Auch Anhänger einer dualistischen Rechtsgutskonzeption ebenso wie diejenigen, welche einen Monismus mit Vorrang der Universalrechtsgüter behaupten, können die liberale Tradition für sich in Anspruch nehmen. Wer die Funktionsfähigkeit des Scheck- und Kreditkartenverkehrs oder des Wertpapierhandels für strafrechtlich schutzwürdige Rechtsgüter hält (§ 266b Strafgesetzbuch, § 38 Wertpapierhandelsgesetz), tut dies in der Regel unter Hinweis auf die konstitutive Bedeutung solcher Systeme,

---

4 *Hassemer/Neumann*, a.a.O., Vor § 1 Rn. 276.

5 Die extremen Positionen lassen sich vielleicht mit *John Rawls*, Eine Theorie der Gerechtigkeit, Frankfurt am Main 1975, einerseits und *Friedrich von Hayek*, Die Verfassung der Freiheit, 3. Aufl. Tübingen 1991, andererseits, bestimmen.

Techniken und Märkte für eine freie Wettbewerbsökonomie und damit auch für die Interessen sich auf freien Märkten selbst bestimmender Individuen. Das schließt auch scheinbar paradoxe Spielarten ein, wonach gerade die Funktionalisierung des einzelnen für das ökonomische System in letzter Instanz wiederum den Interessen des einzelnen diene.

Im folgenden soll daher der Versuch unternommen werden, über eine bloß negative Begriffsbestimmung und eine Berufung auf eine zwar wirkungsmächtige, in sich aber zu heterogene Tradition des Liberalismus hinaus zu prüfen, ob und wie das Attribut der Personalität Kriterien und Maßstäbe für eine Bestimmung und Rechtfertigung strafrechtlicher Rechtsgüter hergibt. Es geht also um die Person in der personalen Rechtsgutslehre.

I.

Wer sich dem Begriff der Person zuwendet, droht freilich ebenso in eine Zone der Unübersichtlichkeit und Heterogenität zu geraten, wie das bei der Tradition des Liberalismus der Fall ist, deren Semantik zudem noch mit dem semantischen Feld von »Person« interagiert. Notorisch unklar ist bereits das Verhältnis von »Person« zu verwandten und häufig substituierend gebrauchten Begriffen wie »Mensch«, »Individuum« und »Subjekt«. So ist auch bei der Präsentation der personalen Rechtsgutslehre gleichzeitig von »menschlichen Interessen« und den »Gütern des Individuums« die Rede. Sind diese Begriffe wechselseitig vollständig substituierbar oder nicht? Vermehrt wird diese Schwierigkeit noch dadurch, dass der Personenbegriff – im Unterscheid zu den anderen Parallelbegriffen – zumeist im Kontext der Intersubjektivität und der sozialen Interaktion bestimmt wird. Wenn es aber eine konstitutive Beziehung zwischen Person und Sozialität gibt, könnte bezweifelt werden, ob mit diesem Begriff noch jene negative Abgrenzung der personalen Rechtsgutslehre von dualistischen oder gesellschaftlich-monistischen Konzeptionen gelingt. Wäre dann »Individualisierende Rechtsgutslehre« nicht der bessere Titel? Schließlich kommt der Begriff der Person im Unterschied zu den anderen als einziger auch in der Rechtssemantik an zentraler Stelle vor – und zwar schon im römischen Recht.[6] Noch dies-

6 Inst. 1.2.12 (»nam parum est ius nosse, si personae, quarum causa statutum est, ignorentur.« – »Denn man hat wenig vom Recht erfasst, solange man nicht über die

seits der ebenfalls viel diskutierten Unterscheidung zwischen natürlicher und juristischer Person sowie der Frage nach den wesentlichen Merkmalen der letzteren liegt die Vermutung, dass es zwischen Person und Recht ebenfalls eine konstitutive Beziehung gebe, die es nahe legt, mit dem einen immer auch zugleich wenigstens implizit das andere zu meinen.[7]

Im folgenden kann es nicht darum gehen, diese lange andauernden und umfangreichen Debatten in ihren vielen Verzweigungen zu rekonstruieren, um eine umfassende Theorie der Person zu begründen, mit der sich dann die Frage nach der Person in der personalen Rechtsgutslehre beantworten ließe.[8] Vielmehr sollen – um den Preis der Selektivität und vor allem der weitgehenden Missachtung heterogener Details aus einer

---

Personen unterrichtet ist, für die es geschaffen ist.« – Übers. nach: *Okko Behrends* u. a., Corpus Iuris Civilis – Die Institutionen, 2. Aufl. Heidelberg 1999). Der Hinweis auf diese Stelle findet sich bei: *John Finnis,* The Priority of Persons, in: Jeremy Horder (Hrsg.), Oxford Essays in Jurisprudence, Fourth Series, Oxford 2000, S. 1–15, S. 1; sowie *Helmut Coing,* Der Rechtsbegriff der menschlichen Person und die Theorien der Menschenrechte, in: ders., Zur Geschichte des Privatrechtssystems, Frankfurt am Main 1962, S. 56–75, S. 75.

7 So explizit *Finnis* (Fn. 6).

8 S. zu dieser Debatte aus jüngerer Zeit: Historisches Wörterbuch der Philosophie, hrsg. v. *Joachim Ritter* u.a., Bd. 7, Basel 1989, s.v. Person, persona; *Manfred Frank,* Die Unhintergehbarkeit von Individualität – Reflexionen über Subjekt, Person und Individuum aus Anlass ihrer »postmodernen« Toterklärung, Frankfurt am Main 1986; *Dieter Sturma,* Philosophie der Person – Die Selbstverhältnisse von Subjektivität und Moralität, Paderborn 1997; *ders.* (Hrsg.), Person, Paderborn 2001; *Theo Kobusch,* Die Entdeckung der Person – Metaphysik der Freiheit und modernes Menschenbild, Darmstadt 1997; *Robert Spaemann,* Personen – Versuche über den Unterschied zwischen »etwas« und »jemand«, Stuttgart 1996; zum Verhältnis von Person und Gesellschaft: *Niklas Luhmann,* Die Form »Person«, in: ders., Soziologische Aufklärung 6, Opladen 1995, S. 142–154; zur Person im Recht: *Erhard Denninger,* Rechtsperson und Solidarität: Ein Beitrag zur Phänomenologie des Rechtsstaates unter besonderer Berücksichtigung des Sozialtheorie Max Schelers, Frankfurt am Main 1967; *Helmut Coing,* Der Rechtsbegriff der menschlichen Person und die Theorien der Menschenrechte, a.a.O., (Fn. 6); *John Finnis,* The Priority of Persons, a.a.O., (Fn. 6); *Günther Jakobs,* Norm, Person, Gesellschaft – Vorüberlegungen zu einer Rechtsphilosophie, 2. Aufl. Berlin 1999; *Alain Supiot,* Homo Juridicus – Essai sur la fonction anthropologique du Droit, Paris 2005, S. 35–84.

langen Überlieferungsgeschichte – einige Aspekte so kondensiert werden, dass sie zumindest Anhaltspunkte liefern.

1. Person

Beginnt man mit der Abgrenzung zu verwandten Begriffen, scheint es am wenigsten Streit über den Unterschied zwischen Personen und *Menschen* zu geben. Der Terminus »Mensch« dient zur Bezeichnung des biologischen Gattungswesens, also der Einheit derjenigen biologischen Merkmale, mit denen sich Menschen von anderen Lebewesen unterscheiden. »Person« verweist dagegen auf die »kulturelle Lebensform«, in der Menschen ihr Leben jeweils führen.[9] Damit ist freilich noch nicht gesagt, welche Strukturen und Elemente einer kulturellen Lebensform mit welchen menschlichen Eigenschaften und Fähigkeiten auf welche Weise verknüpft sein müssen, damit es sich um eine Person handelt. Auch darf diese Unterscheidung nicht verabsolutiert werden. Soweit Personen in einem internen Zusammenhang mit kulturellen Lebensformen stehen, können sie die entsprechenden Fähigkeiten und Eigenschaften nur realisieren, wenn auch die biologischen Voraussetzungen gegeben, wenn sie also gleichzeitig Menschen sind. Wie das Verhältnis von Personen zu Menschen zu bestimmen sei, ist eine der Fragen, die in umkämpfte Gebiete der zeitgenössischen Philosophie führt, mit erheblichen praktischen Konsequenzen auch für das Recht. Die Frage, ob die für Personen konstitutiven Eigenschaften und Fähigkeiten sich nicht letztlich auf biologisch-physische reduzieren ließen, führt in den Streit über die Natur des Geistes, über Möglichkeiten und Grenzen der Naturalisierung jener symbolisch-kulturellen Lebensform, an der Menschen als Personen teilhaben.. Die umgekehrte Frage, ob *alle* Menschen stets auch zugleich Personen sind, [10] hat praktische Auswirkungen auf die Interpretation und Anwendung der Menschenrechte. Wenn nur Personen Rechte innehaben können und zur Person Eigenschaften und Fähigkeiten gehören, über die einige Menschen nicht oder nicht immer verfügen, dann tut sich eine Differenz zwischen Personen als Trägern von Rechten und Menschen auf. Dann könnte es sein, dass Menschen bestimmte Rechte (z. B. auf Leben) nicht haben, weil sie nicht über die Eigenschaf-

---

9 *Sturma*, Person und Menschenrechte, in: ders. (Hrsg.), Person, a.a.O., (Fn. 8), S. 337–362 (S. 341).

10 *Spaemann*, a.a.O., (Fn. 8), S. 252 ff.

ten und Fähigkeiten verfügen, die zu einer Person gehören, namentlich solche, die sie zur Teilnahme und Teilhabe an kulturellen Lebensformen befähigen. Das betrifft die Phasen am Anfang und am Ende eines menschlichen Lebens, wo einem Menschen Fähigkeiten und Eigenschaften noch fehlen oder nicht mehr gegeben sind, die für das Person-Sein als konstitutiv gelten, hat aber auch Folgen für den Umgang mit solchen Menschen, die ihr Leben lang unter entsprechenden Defiziten leiden.

Auch die Termini »Person« und »*Individuum*« werden häufig gleichgesetzt. Dabei wird zumeist vorausgesetzt, dass menschliche Individuen stets zugleich auch Personen sind. Wenn man der oben gegebenen vorläufigen Definition folgt, heißt das, dass Menschen nur dann Individuen werden können, wenn sie an einer kulturellen Lebensform teilhaben. Darüber hinaus ist mit »Individuum/Individualität« jedoch die jeweils singuläre, unverwechselbare und unvertretbare Lebensgeschichte eines einzelnen Menschen gemeint. Bezug genommen wird dabei auf diejenigen psychischen Dispositionen, die in Prozessen der Sozialisation, sozialen Integration und kulturellen Reproduktion jeweils erworben werden.[11] Aus der Perspektive des Einzelnen verdichten sie sich im lebensgeschichtlichen Prozess singulärer Handlungen und Erfahrungen zu einer Identität, zu einem System von höherstufigen, transitiv geordneten Wünschen und Überzeugungen, die in einzelnen Situationen handlungsleitende Kraft entfalten. Diese Identität ist zumindest in modernen Gesellschaften reflexiv gebrochen, d. h., sie verfügt über Mechanismen einer selbst-induzierten Veränderung und Stabilisierung.[12] Das gelingt wiederum nur dann, wenn ein Mensch über bestimmte, biologisch verankerte Fähigkeiten und Eigenschaften verfügt, die ihn zu einem aktiven Teilnehmer an kulturellen Lebensformen werden lassen. Das Individuum ist dann durch eine bestimmte, im zeitlichen Verlauf einer Biographie sich vollziehende und ihm von anderen zugerechnete Aneignung der symbolischen Gehalte der kulturellen Lebensform gekennzeichnet. In diesem Prozess verändern sich jene Fähigkeiten und Eigenschaften ebenso wie der symbolische Gehalt der kulturellen Le-

---

11 *Jürgen Habermas,* Theorie des kommunikativen Handelns, Bd. 2, Frankfurt am Main 1981, S. 212 ff.

12 Daran knüpfen sozialwissenschaftliche Beobachtungen von reflexiven Individualisierungsprozessen in modernen Gesellschaften an; vgl. dazu nur die Debatte zwischen: *Ulrich Beck, Anthony Giddens u. Scott Lash* (Hrsg.), Reflexive Modernisierung, Frankfurt am Main 1996.

bensform in diesem Aneignungsprozess selbst reproduziert und dadurch auch wiederum modifiziert wird. In dieser Weise, sein Leben zu führen, ist das Individuum stets zugleich autonom und heteronom, gleicht allen anderen und unterscheidet sich von allen anderen.[13]

Dabei tritt ein Phänomen auf, das bei allen Menschen, die Individuen sind, gleichermaßen anzutreffen ist. Menschen verhalten sich immer auch zu sich selbst. Dieses Selbstverhältnis wird als Subjektivität bezeichnet; soweit Menschen sich zu sich selbst verhalten können, sind sie *Subjekte.* Umstritten ist freilich wiederum, wie dieses Selbstverhältnis zu verstehen sei – ob es sich überhaupt um ein Verhältnis im Sinne einer Beziehung von etwas auf etwas handle, z. B. eines Bewusstseins auf sich selbst, eines Ichs, das sich als Ich weiß.[14] Unabhängig davon ist die Behauptung, dass ein wie auch immer beschaffenes Selbstverhältnis notwendige Bedingung und Grundlage epistemischer und normativer menschlicher Praxis sei. Dadurch wird das Subjekt zum *subiectum* der Erkenntnis und des Handelns. Eine der vielen Konsequenzen dieser Grundlegung besteht darin, dass das Subjekt wegen seiner Selbstbezüglichkeit als *Urheber und Autor* seiner Erkenntnisse (seiner mit Wahrheitsanspruch erhobenen Behauptungen) und seiner Handlungen (seiner normativen, handelnd realisierten Ansprüche) gelten kann. Für die theoretische Philosophie ist dies von Descartes erstmals formuliert und dann von der idealistischen Philosophie ausbuchstabiert worden; in der praktischen Philosophie von Rousseau und Kant als »Autonomie«, mit entsprechenden Konsequenzen für die Philosophie der Moral, der Politik und des Rechts. Indes ist das Selbstverhältnis trotz seiner Explikation als Selbstbeziehung des Denkens, des Bewusstseins und des Ichs nicht als psychologisches Faktum zu verstehen; seine jeweilige empirisch-psychologische Realisierung kennzeichnet gerade das Individuum (im Unterschied zum Subjekt). Vielmehr besteht Subjektivität in einer *allgemeinen* selbstbezüglichen Struktur, in welcher ein Individuum dem anderen *gleicht.* Nur deshalb auch gilt Subjektivität als eine allgemeine, notwen-

---

13 Für *Jakobs,* a.a.O., (Fn. 8), S. 9 ff., orientiert sich das Individuum lediglich selbstbezogen am Schema von Lust und Unlust. Er führt damit die Tradition fort, die das Individuum nach seinen empirisch vorfindlichen psychischen Dispositionen klassifiziert.

14 Zur Kritik am relationalen Modell des Selbstbewusstseins und zur Begründung der Subjektivität als arationaler ursprünglicher Vertrautheit mit sich, s. *Manfred Frank,* Die Unhintergehbarkeit von Individualität, a.a.O., (Fn. 8), S. 26 ff. (S. 60 ff.).

dige Bedingung der Erfahrung, des Urteilens und des (moralischen) Handelns. In dem Maße freilich, wie das Cartesianische Paradigma (und seine mentalistische, auf das Selbst-Bewusstsein bezogene Interpretation) bestritten und durch anonyme allgemeine Strukturen wie Sprache, Zeichensysteme, systemfunktionale Differenzierungen oder Techniken und Disziplinen der Macht ersetzt oder dekonstruiert wird, verliert das Subjekt auch seine herausgehobene, Handeln und Erkennen fundierende Position. In der Folge davon verwischen sich die Grenzen zwischen Subjekt, Individuum, Mensch und Person.

Versteht man in dieser skizzenhaften und vorläufigen Weise unter »Mensch« die spezifischen biologischen Gattungsmerkmale eines höherstufigen Säugetiers, unter »Individuum« die singuläre, eine reflexive Identität lebensgeschichtlich realisierende Existenz eines Menschen und unter »Subjekt« die allgemeine Struktur eines allen (bewussten, praktisch tätigen) Menschen zukommenden Selbstverhältnisses, erschließt sich auch vorläufig die Bedeutung des Personenbegriffs. Die Rede von Personen bezieht sich dann auf das eine Moment, in welchem Subjektivität und Individualität auf der Grundlage der biologischen Eigenschaften des Menschen zusammenkommen. Eine Person zu sein, heißt dann, sich von den Vorgaben der eigenen Natur distanzieren, ein System von Wünschen und Überzeugungen bilden und danach wählen und handeln zu können, und zwar in der Weise, dass man sich dabei zugleich auf sich selbst bezieht, sich selbst als Grund versteht und realisiert. Personen weisen insofern die selbstbezügliche Struktur der Subjektivität auf, die in einer Lebensgeschichte individuell realisiert wird. Jedes Individuum lebt seine selbstbezügliche Struktur anders, weil es sie unter je verschiedenen, zeitlich variierenden äußeren Lebensbedingungen mit einer gegebenen, wiederum individuell variierenden biologischen Grundausstattung realisieren muss. Daher gleicht keine Lebensgeschichte einer anderen. Personalität besteht dann in dem Vermögen, die allgemeine Struktur der Subjektivität unter je verschiedenen internen und externen Bedingungen und Bedingtheiten so entfalten zu können, dass die einzelnen Handlungen und Äußerungen jeweils *meine eigenen* sind und die Reihe meiner Handlungen und Äußerungen *meine eigene* Lebensgeschichte wird. Darin liegt der Unterschied zwischen der Person als »jemand«, im Unterschied zu einem »etwas«, das sich aus einer Beobachterperspektive als Resultante von kausalen Faktoren beschreiben lässt.[15] *Dass* jemand jene Struktur der Subjektivität zusammen mit seiner biologischen Natur unter den jeweils gegebenen äußeren Bedingungen als seine *eigene* individuell entfaltet, macht ihn zur Person; das Individuum ist dann die identifizierbare und lokalisierbare singuläre Einheit, als welche sich dieser Prozess realisiert. Schwierigkeiten bereitet allerdings die Frage, wovon es abhängt, dass jemand eine Menge von Ereignissen sich als jeweils eigene Handlungen zurechnen kann, also über eine Reihe von Ereignissen eine *identische* Person bleibt.[16]

Dieser Versuch einer Deutung der Rede über Personen ist allerdings noch in einer wesentlichen Hinsicht unvollständig. Während es sich bei dem Terminus »Mensch« um einen deskriptiven Begriff handelt, der in einer Bobachtersprache verwendet werden kann, und während mit »Individuum« jene singuläre Einheit einer menschlichen Lebensgeschichte bezeichnet wird, die sich von allen anderen unterscheidet, und so nicht nur, aber auch in einer Beobachtungssprache vorkommen kann, gilt dies für den Begriff der Person nicht.[17] Das Sein von Personen impliziert eine interne Perspektive, in der sich jemand als eine Person versteht, d. h. als jemand, der in seinen Tätigkeiten stets auch zugleich vollzieht, als was er sich jeweils versteht. Sich auf sich selbst beziehen und diese Selbstbeziehung tätig realisieren zu können, ist nur möglich, wenn jemand sich von seiner Umwelt und von seiner eigenen Natur distanzieren kann, um aus sich selbst heraus zu handeln, einen »eigenen Willen« zu haben. Dieses Selbstverständnis als Person ist indes zugleich davon abhängig, dass andere dieses Individuum in seinem eigenen Willen anerkennen. Eine Person gibt es nicht im Singular – »Personen gibt es nur im Plural.«[18] Für Personen ist wesentlich, dass sie als solche anerkannt sind. So heißt es im Zusatz zu § 35 der Rechtsphilosophie Hegels stichwortartig: »Person, *die Berechtigung* im freien Willen« (Herv. K. G.). Erst infolge der Anerkennung *gilt* ein bestimmtes Verhalten auch

---

15 *Spaemann*, a.a.O., (Fn. 8), der angesichts dieses Unterschieds darauf insistiert, dass »Person« kein Klassenbegriff sei.

16 Vgl. zu dieser seit *Locke* und *Leibniz* geführten Debatte *Amélie Oksenberg Rorty* (Hrsg.), The Identities of Persons, Berkeley 1976; *Michael Quante* (Hrsg.), Personale Identität, Paderborn 1999.

17 *Martin Seel*, Teilnahme und Beobachtung – Zu den Grundlagen der Freiheit, in: Neue Rundschau (116) 2005, S. 141–153.

18 *Spaemann*, a.a.O., (Fn. 8), S. 144.

als meine Handlung, und zwar sowohl gegenüber anderen als auch gegenüber mir selbst. Nur deshalb kann dieses Verhalten mir von Dritten als meine Handlung zugerechnet werden, kann ich mir selbst dieses Verhalten vor meinem Gewissen als meine Handlung zurechnen und für die Folgen Verantwortung übernehmen. Nur so kann es ein Ich mit einem Willen geben, der als Ursprung und Grund für eine Verbindlichkeit auftritt, und das als jemand behandelt wird, der an seiner Willenserklärung festgehalten werden kann, obwohl diese immer zugleich auch das Produkt sich in einem Individuum kreuzender biologischer, physischer, psychischer und sozialer Kausalketten ist. Nur so ist die Serie von Ereignissen, in die ich irgendwie kausal involviert bin, *meine* Lebensgeschichte, die ich an niemandem und nichts abtreten kann, sondern in der ich stets dieselbe Person bin und durch alle großen und kleinen Veränderungen hindurch mit mir identisch bleibe – und von anderen auch so behandelt werde, dass ich für meine ganze Lebensgeschichte einstehen muss und nicht nur für einzelne Abschnitte. Damit stellt sich die Frage nach dem Verhältnis von Person und Gesellschaft.

2. Person und Gesellschaft

Dass Person und Gesellschaft in einem mehr als nur kontingenten Zusammenhang stehen, dürfte zu den grundlegenden Intuitionen des Menschen gehören. Die genauere Beschaffenheit dieses Zusammenhangs ist jedoch schon wieder eine Frage, die kontrovers diskutiert wird. Anknüpfen lässt sich an die stets bemühte Wortgeschichte von *persona* als Maske, wie sie von den Schauspielern im Theater der Antike getragen wurde. Das verweist auf eine ursprüngliche Differenz zwischen der Rolle, die man im sozialen Leben vor anderen spielt, und dem inneren Selbst, das sich hinter der Maske verbergen, aber auch mit Hilfe der Maske anderen mitteilen kann. Nimmt man das oben skizzierte Beziehungsgeflecht von Person, Subjekt, Individuum und Mensch hinzu, aus dem sich eine Charakterisierung der Person als selbstbestimmter Vollzug einer individuellen Lebensgeschichte ergibt, lassen sich einige Zusammenhänge etwas genauer erschließen. Jenes grundlegende Selbstverhältnis, das die Struktur der Subjektivität ausmacht, verdankt sich einem sozialen und sozialisierenden Prozess, in dem ein Mensch lernt, sich selbst aus der Perspektive eines anderen zu sehen und zu verstehen, diese Perspektive zu übernehmen und sich dabei zugleich selbst vom anderen zu unterscheiden. Der Selbstbeziehung liegt die Beziehung zum anderen zugrunde.[19]

Ob aus diesem *genetischen* Abhängigkeitsverhältnis der Person von der Gesellschaft folgt, dass das Person-Sein auch nur durch Intersubjektivität erklärbar sei, oder ob »ich ein *anderes* Ego als anderes *Ego* nur bestimmen (kann), wenn ich zuvor schon mit Subjektivität – wie immer rudimentär – vertraut war«, ist eine müßige Frage.[20] Gesellschaftliche Prozesse sich steigernder Individuierung (und Individualisierung) sind gewiss nur möglich, weil und sofern Personen ihr Selbstverhältnis gleichsam als ihre eigene Innenwelt gegen die gesellschaftliche Umwelt konstruieren und im gesellschaftlichen Zusammenleben auch behaupten können. Der Sprung aus der Intersubjektivität in die Subjektivität setzt voraus, dass Menschen ursprünglich darauf angelegt sind, ein Selbstverhältnis zu haben. Gleichzeitig dürfte jedoch allein die unnachsichtige und unausgesetzte Konfrontation mit der intersubjektiv geteilten Erwartung, eine sich zu sich selbst verhaltende Person unter Personen zu sein, den Menschen von Geburt an auf den Entwicklungspfad setzen, auf dem allein er überhaupt die ursprünglich gegebene Anlage zur Subjektivität ausbilden und dadurch auch erst eine Person werden kann. Was Manfred Frank als rudimentäre Vertrautheit mit sich *vor* jeder Intersubjektivität auszeichnen will, bleibt eben solange auch bloß *rudimentär,* wie es nicht durch Intersubjektivität gleichsam aus dem vorbewussten Schlaf aufgeweckt wird. Alles, was an dieser ursprünglichen Vertrautheit mit sich bewusst und sprachlich artikulationsfähig wird, verdankt sich der Intersubjektivität.

Es gibt eine spezifische Form sozialer Interaktionen, in welcher der Zusammenhang zwischen Person und Intersubjektivität besonders deutlich sichtbar wird. Die Person mit ihrem Vermögen im oben erläuterten Sinne kommt vorzugsweise dann ins Spiel, wenn es darum geht, Handlungen und Äußerungen gegenüber anderen zu rechtfertigen und die aus den Handlungen und Äußerungen erwachsenden Verpflichtungen gegenüber anderen zu übernehmen oder zurückzuweisen. In dieser Form sozialer Interaktion begegnen die Individuen einander als Personen. Handlungen und Äußerungen ebenso wie Verpflichtungen auf

---

19 *George Herbert Mead,* Geist, Identität und Gesellschaft (1934), Frankfurt am Main 1968; *Jürgen Habermas,* Individuierung durch Vergesellschaftung, in: ders., Nachmetaphysisches Denken, Frankfurt am Main 1988, S. 187–241.

20 *Frank,* Die Unhintergehbarkeit von Individualität, a.a.O., (Fn. 8), S. 65.

Gründe zu stützen, bedeutet unter anderem, dass sie einer Person zugerechnet werden, welche sich diese Gründe zu eigen gemacht hat. Nur vor diesem Hintergrund sind Handlungen und Äußerungen einer Person zurechenbar und nicht (bloß) durch Ursachen und Naturgesetze oder statistisch beobachtbare Regelmäßigkeiten erklärbar. »Alle Personen sind im Raum rationaler und moralischer Gründe präsent. Der Begriff der Person bezieht sich auf die Lebensform einer vernünftigen Existenz, die für Gründe empfänglich ist und aus Gründen heraus handeln kann. Die Empfänglichkeit für Gründe ist Ausdruck der Grundbefähigung zu einer kulturellen Lebensform, die sich unter den Bedingungen der angeborenen menschlichen Natur entwickeln kann und in aller Regel auch entwickelt.«[21] Sich an Gründen zu orientieren, bedeutet daher wenigstens dreierlei: Spontanen Impulsen und aktuellen, jeweiligen Umständen sich verdankenden Anreizen zugunsten langfristiger und reflexiver individueller Präferenzen widerstehen, sich als Urheber und Autor der eigenen Handlungen und Äußerungen verstehen und von anderen so verstanden werden, Handlungen, Handlungsintentionen sowie das jeweils individuelle System der Präferenzen vor sich selbst und gegenüber anderen in Frage stellen, rechtfertigen und korrigieren können. Zwar können wir Begründungen ablehnen oder uns Gründe zueigen machen – aber zugleich kann keiner allein über Gründe absolut verfügen. Gründe operieren in einem intersubjektiven Raum, der von Sturma im Gefolge von Sellars so benannte »(logische) Raum der Gründe«. Sie folgen Ansprüchen auf Wahrheit, Richtigkeit und logischer Konsistenz, kurz: auf Rationalität, die in der kommunikativen Praxis des Kritisierens und Rechtfertigens performativ zur Geltung gebracht werden. Diese Praxis wird nur aus der Teilnehmerperspektive allgemein zugänglich; und teilnehmen kann nur, wer die Disposition erworben hat, sich an Gründen zu orientieren und dadurch Lernprozessen auszusetzen – also Person zu sein.[22]

---

21 *Sturma,* Person und Menschenrechte, a.a.O., (Fn. 8), S. 345.

22 Ähnlich *Jakobs,* a.a.O., (Fn. 8), S. 42, der den Begriff der Person allerdings mit Bezug auf eine spezifische Klasse von Gründen, auf die (gesellschaftlichen) Normen, definiert. Für den Personenbegriff konsitutitiv ist aber auch für *Jakobs,* dass die Person über diese Normen nicht allein verfügen kann: »(...) so ergibt sich eine Ausrichtung der Person an Normen, über die sie gerade nicht selbst verfügt, und nur deshalb ist sie Person.«

In dieser knappen Rekonstruktion ist schon eine oben nur angedeutete Voraussetzung enthalten, die jetzt expliziert werden kann. Wenn Hegel an der Person die *Berechtigung* im freien Willen akzentuiert, so verweist dies auf ein intersubjektives Verhältnis, das ebenfalls konstitutiv für das Person-Sein ist. Wenn es die ausgezeichnete Praxis des an Gründen orientierten Rechtfertigens, Zurückweisens und Korrigierens von Handlungen und Äußerungen ist, worin sich das Sein von Personen realisiert, dann setzt dies immer auch voraus, dass Personen einander als berechtigt anerkennen, sich nur an solchen Gründen zu orientieren, welche sie sich *zu eigen* machen. Urheber und Autor ihrer Handlungen und Äußerungen sind Personen nicht nur in einem physisch-kausalen Sinne, weil sich die entsprechenden Ereignisse auf ihre Körperbewegungen zurückführen lassen, sondern vor allem auch in einem intersubjektiven, symbolischen Sinne, weil sie als ein solcher Autor gegenüber anderen *gelten*. Nur deshalb kann die Frage nach der Zurechenbarkeit und der Verantwortlichkeit vor der Person haltmachen, statt aus einer Beobachterperspektive weiter nach den kausalen Prozessen zu fragen, aus denen sich ein bestimmtes Verhalten erklären lässt. Statt Ursachen zählen in der intersubjektiven Praxis des Rechtfertigens, Zurückweisens und Korrigierens Gründe; und zwar Gründe *von jemandem* oder von Personen. »Berechtigung im freien Willen« heißt dann, den anderen als jemanden anzuerkennen, der *seine Gründe* für sein Verhalten hat, also sich nicht nur faktisch an Gründen orientiert, sondern auch als jemand gilt, der dazu berechtigt ist (und z. B. nicht nachsichtig oder kontrollierend behandelt werden muss). Zugleich damit ist die Person aber auch im Raum der Gründe präsent, in welchem sie sich den mit *ihren* Gründen implizit erhobenen Rationalitätsansprüchen gegenüber anderen stellen muss, über welche sie nicht allein verfügen kann.

Diese knappe Rekonstruktion des internen Zusammenhangs zwischen Person und Gesellschaft widerspricht keineswegs der von einem externen Standpunkt aus möglichen Beobachtung, dass Gesellschaft Personen gleichsam erst erzeuge, indem einem Menschen im Laufe seines Sozialisationsprozesses von anderen Personen und Institutionen Eigenschaften und Fähigkeiten attribuiert werden, die ihn allererst zu der Person werden lassen, als welche er immer schon behandelt wurde.[23] Sozialpsy-

23 Im Anschluss an diese Tradition klassifiziert *Jakobs* die Person als »ein(en) Begriff für die Außensicht« einer Gruppe, die das Gruppenwesen »nach einem Schema von Sollen und Freiraum« deutet (S. 71). Dieses Gruppenwesen könne allerdings das

chologische Attributionstheorien untersuchen die gesellschaftlichen Zuschreibungsmechanismen, mit denen jemand für ein Ereignis so verantwortlich gemacht wird, dass dieses Ereignis als von einer Person beabsichtigte Handlung erscheint (oder, umgekehrt, gerade nicht einer handelnden Person, sondern den jeweiligen Umständen oder anderen, nicht-personalen Faktoren zugeschrieben wird). Die soziologische Rollentheorie hat die etymologische Wurzel des Personenbegriffs wieder aufgenommen und vor dem Hintergrund einer Differenz zwischen Individuum und Rolle auf die doppelte Funktion der sozialen Rolle als beschränkende und ermöglichende Bedingung des Person-Seins aufmerksam gemacht. Sie wurde beerbt von der Theorie sozialer Systeme, in welcher die Person zunächst als eigenes »Persönlichkeitssystem« konzipiert wurde, das sowohl eigene Integrationsaufgaben hinsichtlich seiner biologischen und psychischen Antriebe bewältigen, dabei aber auch gleichzeitig über Sozialisationsprozesse in die Handlungssysteme der Gesellschaft integriert werden muss.[24]

Nach Luhmann ist die Person explizit kein System, sondern nur eine Form sozialer Interaktionen. Mit ihrer Hilfe soll die Gefahr von Handlungs- und Erwartungsblockaden minimiert werden, die aus der Situation doppelt kontingenter Verhaltenserwartungen resultiert. Da soziale Systeme nur entstehen, wenn Verhaltenserwartungen (und Erwartungen von Erwartungen) vorhersehbar und berechenbar werden, müssen die Verhaltensmöglichkeiten der an einer sozialen Situation beteiligten eingeschränkt werden. »Person« ist eine Form, mit der sich Unterscheidungen an menschlichen Individuen treffen und diese sich dadurch in bestimmten Hinsichten beobachten lassen. Die Form »Person« bestimmt Luhmann daher als »individuell attribuierte Einschränkung von Verhaltensweisen.«[25] Sie geht jedoch in ihrer Funktion, soziale Systeme zu ermöglichen, vollständig auf: »Die Form der Person dient ausschließlich der Selbstorganisation des sozialen Systems, der Lösung des Problems der doppelten Kontingenz durch Einschränkung des Verhaltensreper-

---

Deutungsschema für sich akzeptieren und verinnerlichen; soweit es sich selbst an diesem verinnerlichten Deutungsschema der Person orientiert, wird es »Subjekt« (ebd., [Fn. 8], S. 71 ff.).

24 *Talcott Parsons*, The Social System, Glencoe/Illinois 1951, S. 201–207; *ders.*, Aktor, Situation und normative Muster, Frankfurt am Main 1986, S. 174–184.

25 *Niklas Luhmann*, Die Form »Person«, in: ders., Soziologische Aufklärung 6, Opladen 1995, S. 142–154 (S. 148).

toirs der Teilnehmer.«[26] Daraus folgt freilich nicht, dass diese Form für die psychischen Systeme selbst keinerlei Folgen hätte und ihnen bloß von außen gleichsam angeheftet würde. Vielmehr richten sich diese selbst nach dieser Form aus, verinnerlichen sie, und interpenetrieren so mit den sozialen Systemen. Nur deshalb können soziale Systeme, die ja nur aus Kommunikationen bestehen und sich nur kommunikativ reproduzieren, von Bewusstseinssystemen, die als solche unmittelbar gar nicht kommunizieren können, überhaupt realisiert werden. Hegels »Berechtigung im freien Willen« wird so zu einer Funktionsbedingung sozialer Systeme, indem sie Individuen zugleich den funktionalen Erfordernissen sozialer Systeme anpasst.

Das Verhältnis zwischen Individuum und Gesellschaft lässt sich nur vollständig erfassen, wenn es gleichzeitig aus einer internen und einer externen Perspektive rekonstruiert und beobachtet wird. Wird eine Perspektive verabsolutiert, kommt es zu verzeichnenden Einseitigkeiten – die Funktionalisierung der Person für die Gesellschaft oder die Auflösung der Gesellschaft in eine bloße Summe von Personen.

3. Rechtsperson

Der Begriff der Rechtsperson bezieht seine ursprüngliche Bedeutung aus dem zu Zwecken der systematischen Durchdringung des Rechtsstoffes gebildeten Gegensatz zum Begriff der Sache (»farbloser Allgemeinbegriff«[27]). Ohne hier auf die komplexe Rechtsgeschichte dieses terminus eingehen zu können, lässt sich festhalten, dass sich schon aus dieser ursprünglich klassifikatorischen Differenz zwischen Person und Sache spezifische Bedeutungen ergeben, die sowohl die Gleichsetzung von Personen und Menschen impliziert als auch die besondere Akzentuierung des spezifisch menschlichen Vermögens der Rationalität, das langsam zum tragenden Grund der Zurechnung von rechtlichen Verbindlichkeiten wird. Dieser Aspekt wird in Wechselwirkung mit der historischen Durchsetzung des Christentums in der okzidentalen Welt, den Rationalisierungsprozessen der frühen Neuzeit und der Aufklärung, insbesondere der Entstehung eines kapitalistischen Wirtschaftssystems sowie der Konzeption und selektiven Durchsetzung von Menschenrechten zur

---

26 *Luhmann*, a.a.O., (Fn. 25), S. 152.

27 *Coing*, a.a.O., (Fn. 6), S. 62.

zentralen Bedeutung.[28] Dieser Entwicklungsprozess endet damit, dass die Rechtspersönlichkeit mit der *Rechtsfähigkeit* gleichgesetzt wird, worunter die Fähigkeit zu verstehen ist, Rechte und Pflichten, genauer: subjektive Rechte und rechtliche Pflichten haben zu können.[29] Diese auf den ersten Blick abstrakt und formal aussehende Bestimmung bezieht indes Bedeutungselemente auch aus den oben skizzierten semantischen Feldern. Als besondere Fähigkeit wird die Eigenschaft, Rechtsperson zu sein, nämlich zum Zentrum nicht nur passiver Zurechnungen rechtlicher Pflichten, sondern vor allem auch der eigenständigen und eigenmächtigen rechtlichen Gestaltungen und Veränderungen. Als Rechtsperson kann ein Mensch aktiv Recht erzeugen. Dabei fungiert der Wille und überhaupt das Vermögen der Rationalität, das sich in der Handlungsfähigkeit verkörpert, als Anknüpfungspunkt der rechtlichen Zurechnungen. Das entspricht der Hegelschen Bestimmung der Person als Berechtigung im freien Willen.

Indes bleiben Entstehungs- und Geltungsgrund der so bestimmten Rechtsperson kontrovers, was sich dann vor allem an der späteren Kontroverse um die Übertragbarkeit dieses Begriffs auf Gemeinschaften und Organisationen zeigt. Ist die Rechtspersönlichkeit eine von der Rechtsordnung verliehene Fähigkeit, die wieder entzogen und auch beschränkt werden kann – oder gibt es ein grundlegendes Recht eines jeden Menschen, Rechtsperson zu sein, als Rechtsperson anerkannt zu werden? Handelt es sich bei den die Rechtspersönlichkeit bestimmenden Fähigkeiten um ein Ensemble rechtlicher Konstruktionen und Zuschreibungen, über die das Recht autonom, ohne Ansehung rechtsexterner Aspekte, verfügt – und das deswegen auch von natürlichen Personen abgelöst und beliebig auf Kollektive wie Vereine, Aktiengesellschaften oder den Staat übertragen werden kann – oder sind die rechtlichen Fähigkeiten konstitutiv an die natürlichen gebunden? Ist die Rechtsperson nur das ausführende Organ, der Delegierte oder der Funktionär des objektiven Rechts, das die Aufgabe der Verwirklichung seiner Normen in einigen Bereichen, vor allem im Privatrecht, auf Personen (natürliche

---

28 Vgl. dazu die Hinweise bei *Coing*, a.a.O., (Fn. 6), *Finnis*, a.a.O., (Fn. 6), u. *Supiot*, a.a.O., (Fn. 8).

29 S. z. B. *Coing*, a.a.O., (Fn. 6), S. 57; *Georg Jellinek*, System der subjektiven öffentlichen Rechte, 2. Neudr. d. 2. Aufl. Tübingen 1919, Aalen 1979, S. 28; *Gerhart Husserl*, Rechtssubjekt und Rechtsperson, in: Archiv für civilistische Praxis (AcP), 127 (1927), S. 120–209.

und juristische) bloß übertragen hat, weil dies zweckmäßiger ist als eine unmittelbare Durchsetzung in jedem Einzelfall – oder besitzt die Rechtsperson eine Bedeutung und Funktion *sui generis*?

Dabei wird keineswegs geleugnet, dass der Begriff der Rechtsperson diejenigen Fähigkeiten natürlicher Personen voraussetzt, mit denen diese willentlich ihre sozialen Beziehungen gestalten können, also ihre natürliche Handlungsfähigkeit und Willensmacht. Kontrovers bleibt allein, wie dieses Verhältnis zwischen Rechtsperson und natürlicher Person beschaffen ist, ob das Recht nur *regulativ* diejenigen sozialen Beziehungen zwischen natürlichen Personen ordnet, welchen rechtliche Relevanz zukommt, also nicht die natürliche Handlungsfähigkeit selbst, sondern nur deren Realisierungen überformt, oder ob das Recht überhaupt *konstitutiv* eine Handlungsfähigkeit sui generis schafft, welche die natürliche Handlungsfähigkeit um einen besonderen Status erweitert – und so wiederum zur Voraussetzung für die rechtliche Wirksamkeit des Gebrauchs jener natürlichen Handlungsfähigkeit überhaupt wird, deren einzelne Gebrauchsmöglichkeiten ebenfalls durch das Recht geregelt werden. Jellinek hat diesen Unterschied als einen zwischen dem *Dürfen* und dem *Können* einer Person markiert.

Für Jellinek ist das Privatrecht eine Ordnung des *Dürfens*, das den Äußerungen des natürlichen, freien Willens durch Gebote, Verbote und Erlaubnisse rechtliche Relevanz verschafft, aber der natürlichen Person als solcher nichts hinzufügt. In dem Maße, wie die Rechtsordnung individuell erzeugte soziale Beziehungen für rechtlich relevant erklärt, vermehrt oder vermindert sie den Bestand an subjektiven Privatrechten einer Person, die als solche dadurch jedoch keine Erweiterung oder Beschränkung erfährt. Demgegenüber ist das rechtliche *Können* eine konstitutive Fähigkeit, welche der Person nicht bereits von Natur aus zukommt und dann durch das Recht nur geformt würde, sondern durch das Recht überhaupt erst gewährt werden muss. Die natürliche Handlungsfähigkeit des Individuums erfährt dadurch eine Erweiterung, »dass ihm ausdrücklich die bisher nicht vorhandene Fähigkeit eingeräumt wird, in seinem Interesse staatliche Anerkennung und Tätigkeit zu fordern.«[30] Weil es über diese unmittelbar auf das Recht bezogene Fähig-

30 *Jellinek*, a.a.O., (Fn. 29), S. 48, 52; vgl. auch *ders.*, Allgemeine Staatslehre, S. 418, Neudruck des 5. Nachdr. d. 3. Aufl. (1928), Kronberg/Ts. 1976: »Die vom Staate gewährte, individuelle Fähigkeit (...), die Rechtsordnung im eigenen Interesse in Bewegung zu setzen (...).«

keit oder Macht nicht bereits mit seiner natürlichen Handlungsfähigkeit verfügt, kann das Individuum sich auch nicht selbst dazu ermächtigen; daher muss sie ihm von einem Dritten gewährt oder verliehen werden, wobei Jellinek terminologisch zwischen der »Rechtsordnung« und dem »Staat« als gewährender Instanz schwankt.[31] Konkret betroffen ist dabei das Verhältnis des Individuums zum Staat. Dieser verleiht dem Individuum mit der Rechtsfähigkeit eine Eigenmacht, die es ihm rechtlich ermöglicht, Ansprüche gegen den Staat zu richten. Daher ist das rechtliche Können der Inbegriff des subjektiv-öffentliche Rechts, während die veränderlichen und veräußerbaren subjektiven Privatrechte nur Umfang und Grenzen des rechtlichen Dürfens im Verhältnis der Rechtssubjekte untereinander regeln. Das rechtliche Können ist Grundlage aller einzelnen subjektiven Rechte, weshalb nach Jellinek zwar ein Können ohne Dürfen, aber niemals ein Dürfen ohne Können möglich ist.

Kontrovers bleibt jedoch, ob oder in welchem Maße die Rechtsperson auf der natürlichen Willensfähigkeit beruht. So unterscheidet Husserl zwischen der außer- oder vorrechtlichen »sozialen Macht« der Person, die sie im Zuge ihrer Vergesellschaftung erwirbt und in den sozialen Beziehungen zu anderen Personen ausübt, und der rechtlich konstituierten Macht, über welche die Person als Rechtsperson verfügt. Zwar beruht das Können der Rechtsperson auf dem Können der vorrechtlichen Person; das Recht kann die Handlungsfähigkeit als solche nicht erschaffen, sondern muss sie als gegeben oder »natürlich« voraussetzen. Insofern bleibt das Können der Rechtsperson an das vor-rechtliche Können der natürlichen Person gebunden. Aber das Recht kann auf dieser Grundlage Art und Umfang des *rechtlichen* Könnens autonom ausgestalten, wie im Privatrecht, in dieser Hinsicht »das Recht gegen seine vorrechtliche Grundlage absperrend.«[32] Diese Distinktion erlaubt es dann, den Begriff der Rechtsperson unabhängig von den als bloße Voraussetzungen behandelten sozialen Tatsachen rein juristisch zu konstruieren, um ihn so dann auch auf Personenverbände und den Staat zu übertragen.

Diese Autonomie des Status einer Rechtsperson gegenüber ihren personal-sozialen Voraussetzungen verführt außerdem zu der Annahme, der Status der Rechtsperson sei dem Menschen von der objektiven Rechts-

31 Vgl. z. B. *Jellinek*, System, a.a.O., (Fn. 29), S. 47 u. 48 (»Rechtsordnung«); Allgemeine Staatslehre, a.a.O., (Fn. 29), S. 418 (»Staat«).

32 *Husserl*, a.a.O., (Fn. 29), S. 183.

ordnung oder dem Staat bloß in dem einseitig-defizitären Sinne »verliehen«, dass er ihm auch wieder mehr oder weniger willkürlich entzogen werden könne. Dann wäre der Mensch nur passiver Empfänger eines rechtlichen Könnens, das ihn dann paradoxerweise gerade dazu ermächtigt, aktiv zu werden und die Rechtsordnung in seinem Interesse in Bewegung zu setzen; und zwar auch gegen den Staat, also denjenigen, dem er nach dieser Konstruktion seinen Status als Rechtsperson überhaupt verdankt. Diese Paradoxie entsteht nur dann nicht, wenn jedem Menschen unmittelbar ein Anspruch auf Anerkennung als Rechtsperson zukommt; wenn also die allen freiheitlichen Privatrechtsordnungen eigentümliche Attribution der Rechtsfähigkeit an jeden Menschen mit seiner Geburt aus einem Anspruch eines jeden Menschen gegen das Recht erwächst. Dann wäre es ein ursprüngliches Menschenrecht, Rechtsperson zu sein. So gesteht auch Jellinek zu, es sei eine als das »Produkt einer jahrtausendelanger Entwickelung erkannte sittliche Forderung, den Menschen schlechthin als Rechtssubjekt anzuerkennen,« aber die Geschichte habe, wie sich am Beispiel der Sklaverei zeige, »die traurige Lehre geliefert, dass eine Rechtsordnung möglich ist, welche diese Forderung nicht verwirklicht.«[33] Daraus zieht er den Schluss: »Es gibt daher keine natürliche, sondern nur juristische Persönlichkeit.«[34]

Auf der anderen Seite kann sich die natürliche Person auch nicht selbst zum Status einer Rechtsperson ermächtigen; dies wäre nichts anderes als eine willkürliche Anmaßung. Wenn es sich um einen *Anspruch* des Menschen gegen das Recht handelt, als Rechtsperson anerkannt zu werden, impliziert dies eine intersubjektive Relation zwischen der natürlichen Person und derjenigen Instanz, welche ihm den Status einer Rechtsperson *zuerkennt*. Diese Instanz kann aber wiederum nur die schon bestehende, d. h. geltende, Rechtsordnung sein. Der intersubjektiv-relationale Sinn im Begriff der Rechtsperson lässt sich nur unter der Bedingung mit dem Anspruch eines jeden Menschen, als Rechtsperson anerkannt zu werden vereinbaren, wenn das den Status einer Rechtsperson verleihende objektive Recht von seinen Adressaten in der Rolle von Autoren auch gemeinsam *hervorgebracht* wird.[35] Das heißt aber, dass

---

33 *Jellinek*, a.a.O., (Fn. 29), S. 28. Zur Entwicklung des Verhältnisses von Rechtsperson und Menschenrechten s. *Coing*, a.a.O., (Fn. 6), S. 62 ff.

34 *Jellinek*, a.a.O., (Fn. 29).

35 So fragt *Denninger*, Rechtsperson, a.a.O., (Fn. 8), S. 229, im kritischen Rückblick auf den »positivistischen Rechtssubjektivismus«, demzufolge der Status der Rechts-

die personal-sozialen Merkmale der Person nicht bloß als vor dem Recht liegende tatsächliche Voraussetzungen behandelt werden dürfen, auf die eine ausschließlich vom objektiven Recht autonom konstruierte Rechtsperson gleichsam wie auf ihr Material Bezug nimmt, sondern dass diese Merkmale selbst geltungskonstitutiv für das objektive Recht werden.[36]

Unter den dabei relevanten Merkmalen ist es vor allem dasjenige, das die Person als Teilnehmer am intersubjektiven Raum der Gründe auszeichnet, das für die Geltung des objektiven Rechts konstitutiv ist. Nicht als willkürlich sich selbst Ermächtigende und auch nicht als bloß passiv Empfangende, sondern als Teilnehmerin am intersubjektiven Raum der Gründe erzeugt jede einzelne Person gemeinsam mit allen anderen die Geltung des objektiven Rechts, das jeden einzelnen als Rechtsperson anerkennt. Zwar bestimmt das Recht über den Status der Rechtsperson, aber es sind die am demokratischen Prozess der Rechtserzeugung in der Rolle von Autoren des Rechts teilhabenden Personen, die sich in der gemeinsamen Bestimmung über die Rechtsperson selbst interpretieren.[37] Unter den einzelnen Rechtsbefähigungen, die mit dem Status der Rechts-

---

person von der positiven Rechtsordnung allein bestimmt wird: »Im Streit um die genetische und funktionale Priorität des *subjektiven* oder des *objektiven* Rechtes fällt damit das Urteil zugunsten des letzteren; die kritische Frage nach dem Urheber der objektiven Ordnung uns seiner Legitimation wird als juristisches Argument nicht zugelassen, sondern in das Vorfeld sozialer Tatsächlichkeit verwiesen.«

36 *Husserl*, a.aO., (Fn. 29), S. 130 f., spricht zwar dem Rechtssubjekt oder dem »Rechtsgenossen« (im Unterschied zur »Rechtsperson«) geltungskonstitutive Wirkung zu, aber nur im passiven Sinne der willensgesteuerten Geltungserhaltung, während das Rechtssubjekt an der Geltungserzeugung nur insoweit teilhat, wie es den Akt der Unterwerfung unter die Norm willentlich vollzieht und diese damit in ihrer Geltung anerkennt: »Die Leistung des einzelnen Rechtssubjekts besteht zuallererst darin, dass es den Akt willentlicher Normunterwerfung vollziehend die Geltung der Rechtsordnung mitbegründet. Hier wirkt der Einzelwille als Geltungskonstituente: Diese Willensbetätigung liegt *vor* dem Recht; sie ist beendet, wenn das Recht die Wirklichkeitsform der Rechtsgeltung erlangt hat. Künftig fungiert der Rechtsgenosse als Träger einer normerhaltenden, den Akt der Normerzeugung überdauernden Willensgesinnung, auf die das Recht hinsichtlich seiner Fortgeltung angewiesen ist.« Das so bestimmte Rechtssubjekt bleibt zudem explizit eine vor dem (objektiven) Recht liegende Rechtsvoraussetzung.

37 S. dazu *Klaus Günther*, Welchen Personenbegriff braucht die Diskurstheorie des Rechts?, in: Hauke Brunkhorst u. Peter Niesen (Hrsg.), Das Recht der Republik, Frankfurt am Main 1999, S. 83–104.

person verbunden sind, ist daher der eine Verfassungsordnung überhaupt erst ermöglichende Status der aktiven Teilhabe an den Verfahren der Erzeugung objektiven Rechts zentral – der von Denninger allen anderen status vorangestellte *status constituens*.[38]

Mit dieser Auflösung des Problems droht allerdings eine neue Aporie zu entstehen. Wenn es ein Menschen*recht* jeder natürlichen Person ist, als Rechtsperson anerkannt zu werden, und wenn dieses Recht dadurch realisiert wird, dass die natürliche Person gemeinsam mit allen anderen Personen das objektive Recht hervorbringt, das jeden einzelnen als Rechtsperson anerkennt, dann muss die natürliche Person immer schon Rechtsperson sein. Zugespitzt formuliert: Das Recht auf Rechtsfähigkeit setzt Rechtsfähigkeit schon voraus. Zumindest als Träger und Inhaber des Menschen*rechts* auf Anerkennung als Rechtsperson wäre der Mensch stets zugleich Rechtsperson. In den Traditionen des Natur- und Vernunftrechts wird dagegen noch streng zwischen der natürlichen Person mit natürlichen Rechten und dem erst mit dem Eintritt in die Gesellschaft verbundenen Status der Rechtsperson geschieden; einen (menschenrechtlichen) Anspruch des Menschen, vom positiven Recht als (Rechts-)Person anerkannt zu werden, gibt es in diesen Traditionen nicht.[39] Erst Kant und der ihm folgende Idealismus begründen aus der jedem Menschen qua Vernunftwesen eigentümlichen sittlichen Freiheit, die in der Fähigkeit besteht, selbstbestimmt nach eigenen (moralischen) Gesetzen zu handeln, das Recht auf Freiheit als einziges und ursprüngliches Menschenrecht, das durch subjektive Rechte in der äußeren, gesellschaftlichen Umwelt tätig realisiert wird.[40] Danach hat jeder Mensch wegen und um seines Vermögens zur moralischen Autonomie willen ein ursprüngliches Recht, als Rechtsperson anerkannt zu werden; es handelt

38 Zur Statuslehre *Jellineks* s. *ders.*, System der subjektiv-öffentlichen Rechte, a.a.O., (Fn. 29), S. 81–93 sowie der gesamte »Besondere Teil« (S. 94 ff.) – in der aber gerade der Status aktiver Zivität *im rechts- und staatserzeugenden Sinne* gerade nicht vorkommt (der »status activus« Jellineks enthält lediglich einzelne politische Teilhaberechte, die als solche wiederum bloß »verliehen« sind). Die Erweiterung um den status constituens verdankt sich *Erhard Denninger*, Rechtsperson, a.a.O., (Fn. 8), S. 237 ff.; *ders.*, Polizei in der freiheitlichen Demokratie, in: ders. u. Klaus Lüderssen (Hrsg.), Polizei und Strafprozeß im demokratischen Rechtsstaat, Frankfurt am Main 1978, S. 102–126 (S. 116 ff.); *ders.*, Staatsrecht 1, Reinbek b. Hamburg 1973, S. 28 ff.

39 *Coing*, a.a.O., (Fn. 6), S. 66.

40 Ebd., S. 67–70.

sich also um ein *moralisches Recht*, das die moralische Person dazu befähigt, die Rechtsordnung im eigenen Interesse in Bewegung zu setzen.

Indes bedarf es dieser Engführung von moralischer Person und Rechtsperson – mit ihren problematischen Folgen für das Verhältnis von Moral und Recht (z. B.: darf die Rechtsperson ihre subjektiven Rechte nur geltend machen, wenn sie dabei auch moralisch richtig handelt?), – dann nicht, wenn man von vornherein vermeidet, den Begriff der Person ausschließlich über ihre Fähigkeit zur Orientierung an moralischen Normen zu bestimmen. Versteht man unter »Person« in einem weiteren Sinne jene oben (unter 1.) herausgestellte Fähigkeit, sich auf eine Vorstellung von sich selbst beziehen und diese Vorstellung lebensgeschichtlich realisieren zu können, und nimmt man jene oben (unter 2.) herausgestellte intersubjektive Anerkennung als Teilnehmer innerhalb des Raumes der Gründe als konstitutives Moment der Person hinzu, dann kann es selbst wiederum nur ein Entschluss dieser so bestimmten (und sich selbst bestimmenden) Personen sein, sich so zu organisieren, dass sie sich zu einer Rechtsgemeinschaft zusammenschließen, in der sie als Personen agieren können. Dieser Entschluss richtet sich vor allem darauf, dass sie Ermächtigungen, Verpflichtungen und Zwangsbefugnisse erzeugen, mit denen sie ihr Zusammenleben koordinieren. Dann liegt aber in dem Entschluss, sich zu einer Rechtsgemeinschaft zusammenzuschließen, bereits die Schaffung einer rechtsspezifischen Handlungsfähigkeit, welche jeder einzelnen Person das ursprüngliche Können verschafft, die Rechtsordnung im eigenen Interesse in Bewegung zu setzen. Damit ist nicht mehr (aber auch nicht weniger) gesagt, als in jenem Satz der Institutionen des Gaius, dass das Recht um der Personen willen sei.[41] Weil Personen aber Personen immer nur im intersubjektiven Raum der Gründe sind, können sie sich eine Rechtsordnung und den damit verbundenen Status der Rechtsperson nur in der Weise geben, dass die jeweiligen subjektiven Rechte mit den entsprechenden Verpflichtungsrechten und Zwangsbefugnissen gegenüber jeder einzelnen Person durch Gründe gerechtfertigt werden, also insoweit das Ergebnis rationaler Diskurse sind.[42] Diese Diskurse müssen selbst rechtsförmig instituti-

---

41 S. oben, Fn. 6.

42 Damit ist nicht ausgeschlossen, das »Recht auf Rechtfertigung« als grundlegendes Recht selbst wiederum moralisch zu begründen. S. dazu *Rainer Forst*, Das grundlegende Recht auf Rechtfertigung, in: Hauke Brunkhorst u. a. (Hrsg.), Recht auf Menschenrechte, Frankfurt am Main 1999, S. 66–105.

onalisiert werden, was unter anderem bedeutet, dass sich die zur Gründung einer Rechtsgemeinschaft entschlossenen Personen wechselseitig den *status constituens* zuerkennen müssen, der jeden einzelnen berechtigt, an den demokratischen Prozeduren der Konkretisierung und Ausgestaltung subjektiver Rechte teilzunehmen. Insoweit fordert das Interesse natürlicher Personen an der Herstellung einer Rechtsgemeinschaft die wechselseitige Anerkennung des *status constituens*.[43]

II. Personale Rechtsgüter

Es wäre nun gewiss verführerisch, aus den skizzierten theoretischen Bestimmungen des Personenbegriffs vom Standpunkt des Theoretikers aus einzelne Schutzpositionen zu deduzieren, die als personale Rechtsgüter durch das Strafrecht zu schützen seien. Ein solches Unterfangen würde jedoch den zentralen status constituens der Personen negieren, die nur selbst darüber befinden können, welche einzelnen Positionen sie als schützenwert erachten. Theoretisch lassen sich bestenfalls einige abstrakte Leitlinien formulieren, die jedoch nur vorläufigen Charakter beanspruchen können. Diese Leitlinien folgen im wesentlichen der Spur, die durch die personale Rechtsgutslehre gezogen wird; sie dienen also eher der Bestätigung und Bekräftigung als der Kritik.

Folgt die personale Rechtsgutslehre dem oben dargelegten Personenbegriff, so beanspruchen alle Positionen rechtlichen Schutz, welche der Realisierung des spezifischen Seins von Personen dienen. Diese Schlussfolgerung klingt allerdings nahezu trivial, und sie ist auch noch viel zu unbestimmt, um klare Kriterien für einen *strafrechtlichen* Schutz im Unterscheid zu alternativen rechtlichen Schutzformen zu entwickeln. Indes lässt sich immerhin bereits eine vorläufige Bestimmung des strafrechtlichen ultima ratio-Prinzips gewinnen. Ein strafrechtlicher Schutz von Positionen, welche der Realisierung des Seins von Personen dienen, hat zu beachten, dass dadurch nicht seinerseits Realisierungsmöglichkeiten von Personen zu weit eingeschränkt werden. Die Strafe ist ein Übel, welches Personen daran hindert, eine grundlegende Bedingung ihres

---

43 S. dazu *Jürgen Habermas*, Faktizität und Geltung, Frankfurt am Main 1992, S. 151, für den der Status einer Rechtsperson schon mit der Rechtsform überhaupt gegeben ist, also immer schon in Anspruch genommen wird, wenn Menschen sich zu einer Rechtsgemeinschaft zusammenschließen.

Personseins zu realisieren, die Freiheit. Soweit es weniger tief in das Sein von Personen eingreifende rechtliche (zivil- oder verwaltungsrechtliche) Schutzformen gibt, sind diese den strafrechtlichen vorzuziehen, *weil* sie insgesamt die Realisierungschancen von Personen weniger stark beeinträchtigen als strafrechtliche.

Unter diesem Vorbehalt wären nur solche Positionen von Personen strafrechtlich schützenswert, welche das Sein von Personen insgesamt negieren.[44] Dies gilt vor allem für seine biologische Grundlage, das Leben und die körperliche Unversehrtheit.[45] Soweit Freiheit und die ungestörte Verfügung über Sachen und Vermögenspositionen (Eigentum und Vermögen) ebenfalls Realisierungschancen von Personen enthalten, sind sie schützenswert – allerdings nicht in jeder Hinsicht und vor allem nicht in jedem Fall mit strafrechtlichen Mitteln. Der Angriff auf die Freiheit muss so elementar sein, dass er mit der Freiheit zugleich das Sein von Personen negiert, also die Qualität einer nötigenden Willkür i. S. d. § 240 Strafgesetzbuch (und der verwandten, sich in den Angriffswegen und in der Kombination mit Verletzungen weiterer Rechtsgüter unterscheidenden Vorschriften, wie z. B. §§ 177, 249, 253, 255 StGB) besitzt.

Soweit es um den Schutz von Realisierungschancen geht, bedarf es einer genauen Prüfung, wann die Grenze des ultima ratio-prinzips überschritten ist, weil dieses ebenfalls die Freiheit von Personen schützt. Dies gilt vor allem bei kollektiven Rechtsgütern. So erweitern Märkte gewiss die Möglichkeiten von Personen, eine Vorstellung von sich selbst zu entwickeln (und zu verändern) sowie diese lebensgeschichtlich zu verwirklichen. Die Rolle des *homo oeconomicus* ist eine der Weisen, in der Personen unter Bedingungen von Güterknappheit Lebens- und Verwirklichungschancen erwerben und sichern können, wobei die Vermittlung über

---

44 Von da aus wäre es m. E. nur noch ein kleiner Schritt zu einer Beschränkung des strafrechtlichen Schutzzwecks auf subjektive Rechte; vgl. dazu *Klaus Günther*, Von der Rechts- zur Pflichtverletzung. Ein »Paradigmawechsel« im Strafrecht?, in: Institut für Kriminalwissenschaften Frankfurt a. M. (Hrsg.), Vom unmöglichen Zustand des Strafrechts, Frankfurt am Main 1995 (Reihe: Frankfurter kriminalwissenschaftliche Studien, Bd. 50), S. 445–459.

45 Hier stellen sich aktuell die oben angedeuteten, für eine personale Rechtsgutslehre wegen ihres konstitutiven Bezugs zur Person besonders herausfordernden Fragen nach der personalen Qualität und damit (strafrechtlichen) Schutzwürdigkeit des beginnenden und irreversibel verlöschenden menschlichen Lebens, auf die ich hier leider nicht näher eingehen kann.

(freie, wettbewerbsförmig organisierte) Märkte ihnen insoweit entgegenkommt, als sie die entsprechenden Entscheidungen wiederum auf Personen und deren »freien Willen« bezieht. Aber Personen und ihre marktvermittelten Realisierungschancen sind elementarer betroffen, wenn es um das Geldmedium überhaupt geht (Geld- und Wertzeichenfälschung – §§ 146 ff. StGB), als wenn Aktienmärkte, der Verkehr mit Scheck- und Kreditkarten oder staatliche Subventionen betroffen sind. Hier stellt die personale Rechtsgutslehre immerhin klar, dass Interessen der Allgemeinheit überhaupt nur dann und in dem Maße schützenswert sind, wie sie den Interessen von Personen dienen.[46] Für eine an Personen orientierte Kriminalpolitik wäre daher zu fordern, dass der Gesetzgeber diese dienende Funktion darzulegen und zu begründen hätte. Andeuten lassen sich hier nur weitere offene Fragen, die im Rahmen einer personalen Rechtsgutslehre mit explizitem Personenbezug zu diskutieren wären, wie z. B. Art und Umfang des strafrechtlichen Schutzes der persönlichen Ehre[47], der abgewogen werden muss gegenüber dem für den status constituens von Personen elementaren Grundrecht auf Meinungsfreiheit, sowie die Probleme eines strafrechtlichen Schutzes von Personen gegenüber sich selbst, wie z. B. im Drogenstrafrecht oder bei der Tötung auf Verlangen. Diese Beispiele zeigen, dass sich auch aus dem Begriff der Person keineswegs linear strafrechtswürdige Schutzpositionen ableiten lassen, sondern dass der Personenbegriff auch den Blick für spezifische inter- und intrapersonale Konflikte öffnet.

Eine auf den Personenbegriff bezogene personale Rechtsgutslehre hat jedoch noch eine wichtige Konsequenz, die hier abschließend hervorgehoben werden soll. Das Personale an dieser Rechtsgutslehre bedeutet nicht nur, dass strafrechtlich relevante Rechtsgüter Schutzpositionen von Personen sein müssen, sondern dass personale Rechtsgüter auch nur in strafrechtlich relevanter Weise *von Personen verletzt* werden können. Unter diesem Aspekt folgen aus der personalen Rechtsgutslehre unter anderem das Schuldprinzip und die an Personen orientierte Zurechnung.[48]

---

46 *Hassemer/Neumann*, a.a.O., (Fn. 3), Vor § 1 Rn. 132.

47 Mit Blick auf das Anerkennungsverhältnis zwischen Personen (»interpersonaler Ehrbegriff«) energisch herausgearbeitet von *Rainer Zaczyk*, Nomos-Kommentar zum Strafgesetzbuch, 2. Aufl. 2005, Vor §§ 185 ff. Rn. 1.

48 *Hassemer/Neumann*, a.a.O., (Fn. 3), Vor § 1 Rn. 168; *Klaus Günther*, Schuld und kommunikative Freiheit, Frankfurt am Main 2005.

Vertrauen als Rechtsgutsbestandteil*

Walter Kargl

I. Einleitung

»Ein Gespenst geht um in der Verfassungsgerichtsbarkeit, in den Urteilsgründen von Strafsenaten des Bundesgerichtshofs, in einer besorgten bis entsetzten Strafprozessliteratur und mittlerweile auch in vielen Hörsälen und Gerichtssälen: ›Die Funktionstüchtigkeit der Strafrechtspflege‹, zu deren Aufrechterhaltung die höchsten Gerichte einander zunehmend ermuntern und die vielen Beobachtern als Menetekel eines Rechtsstaats erscheint, der sich zu Tode schützt.«

Mit diesen Worten hat *Winfried Hassemer* seinen Aufsatz zum Begriff der »Funktionstüchtigkeit der Strafrechtspflege«[1] eingeleitet und daran die Frage geknüpft: »Ist die Aufregung berechtigt, oder ist der Begriff so harmlos, wie er klingt?« In *Hassemers* Antwort finden sich Hinweise auf beide Deutungen. Als harmlos könne er gelten, sofern mit ihm die bare Selbstverständlichkeit zum Ausdruck gebracht werde, dass die Strafrechtspflege funktionsfähig sein muss, wenn sie ihre Aufgaben erfüllen will. Skepsis sei dagegen angebracht, wenn man genauer hinsehe, in welche begriffliche Landschaft dieser Topos gehört und in welchem kriminalpolitischen Verwendungszusammenhang er gebraucht wird[2]. In der Tat, die bisherigen Entscheidungen des Bundesverfassungsgerichts festigen den Eindruck, dass im Postulat der »Funktionsfähigkeit der Strafrechtspflege« nahezu alle Fundamentalbegriffe des Strafprozessrechts ineinander fließen: Die Rede ist von der »Findung einer materiell richtigen und gerechten Entscheidung«[3], von der »Durchsetzung des

---

* Dem folgenden Text liegt die erweiterte und um Belege ergänzte Fassung des Frankfurter Vortrags zugrunde.

1 *Hassemer*, StV 1982, 275.

2 A.a.O. (Fn. 1), 275.

3 *BVerfGE* 33, 367 (383).

strafrechtlichen Rechtsgüterschutzes«[4], von der »Sicherung des Rechtsfriedens«[5] und der »Wahrheitserforschung« im Strafverfahren[6].

An dem begrifflichen Sammelsurium stört *Hassemer* zu Recht die Unbekümmertheit, mit der die Antinomien von Gerechtigkeit und Rechtssicherheit, Freiheit und Effektivität zu einem harmonischen Bild gefügt werden. Aber *Hassemer* konzediert zugleich, dass der rhetorische Gewinn von Begründungen, die ihre Überzeugungskraft aus Ganzheitsemblemen beziehen, beachtlich ist. Wer bei der Abwägung zwischen dem Freiheitsanspruch des Einzelnen und dem Strafverfolgungsinteresse auf die Waagschale der »Funktionstüchtigkeit der Strafrechtspflege« sämtliche Grundwerte draufpacke, der lasse Gegenpositionen nur wenig Chancen, weil er über sämtliche normative Ressourcen, welche einem Interesse Dignität verleihen, bereits verfügt habe[7]. Die tatsächliche Funktion einer solchermaßen »scheinhaft« veranstalteten Abwägung könne nur darin bestehen, die Beschuldigteninteressen zugunsten von Effizienz- und Strafverfolgungsinteressen zu marginalisieren. Damit entpuppe sich die »Funktionstüchtigkeit der Strafrechtspflege« eindeutig als »gegenreformatorischer Argumentationstopos«[8], der solange in der Schublade verwahrt werden sollte, bis das System der strafrechtlichen Sozialkontrolle wirklich auf dem Spiel stehe[9].

Mit diesen eher argumentationsstrategischen Hinweisen ist noch nichts über *Hassemers* eigene am Individuum und den Wirkungen der Formalisierung orientierte Strafrechtskonzeption[10] gesagt. Das bisher Angeführte reicht jedoch hin, um auf eine frappierende Parallele zwischen dem Topos der »Funktionstüchtigkeit der Strafrechtspflege« und meinem Thema – den im materiellen Strafrecht umsichgreifenden Vertrauensschutzgütern – aufmerksam zu machen. Wie bei der Formel von der

---

4 *BVerfGE* 38, 312 (321).

5 *BVerfGE* 51, 324 (343).

6 *BVerfGE* 44, 353 (374).

7 *Hassemer*, a.a.O. (Fn. 1), 276, 278; zum ebenfalls in eine überhöhte Aura eingehüllten und zugleich empiristisch durchwirkten Topos von der »Verteidigung der Rechtsordnung« vgl. *ders.*, Eser-FS, 2005, S. 125.

8 *Hassemer*, a.a.O. (Fn. 1), 275.

9 A.a.O. (Fn. 1), 280.

10 Exemplarisch: *Hassemer*, in: Philipps/Scholler (Hrsg.), Jenseits des Funktionalismus, Arthur Kaufmann zum 65. Geburtstag, 1989, S. 85 ff.; *ders.*, Einführung in die Grundlagen des Strafrechts, 2. Aufl. (1990), S. 135 ff., 196 ff., 251 ff.

»Funktionstüchtigkeit der Strafrechtspflege« wird in den einschlägigen Entscheidungsgründen der Gedanke des Vertrauensschutzes eher beiläufig und lakonisch eingeführt. Er ist ebenfalls regelmäßig von Begriffsnachbarn umstellt, die aus dem Arsenal der rechtsstaatlichen Grundlagen entstammen. Menschenwürde, Freiheit und Gerechtigkeit treten als Referenzbegriffe der Gewährleistung und Sicherung des Vertrauens auf, so dass Einsprüche gegen Rechtsgüter, die unter diesen Vorzeichen stehen, von vornherein in argumentative Bedrängnis geraten. Auch hier scheint die Abwägung bereits vorentschieden und somit die Idee vom strafrechtlichen Vertrauensschutz alles andere als trivial zu sein.

Obwohl dieser Eindruck nicht leicht von der Hand zu weisen ist, hat sich die Literatur dieses Themas nur sporadisch und wenn, dann zumeist unentschieden angenommen[11]. Das mag daran liegen, dass das Vertrauensschutzgut häufig als kriminalpolitisch neutral und insofern als ungefährlich eingestuft wird, weil es einander entgegenstehenden Zielen verfügbar scheint. Demgegenüber möchte ich mit den folgenden Ausführungen die These belegen, dass der strafrechtliche Vertrauensgedanke überwiegend dahin tendiert, einem gesellschaftlichen Zustand Rückenwind zu verschaffen, der das Individualinteresse zur Ausnahme und zum Störfaktor degradiert. Zur Veranschaulichung des Themas beginne ich mit zwei viel diskutierten Gesetzesvorhaben, bei denen die Vertrauensrhetorik aus dem angestammten Umfeld der sog. Universalrechtsgüter heraustritt und wie selbstverständlich im Bereich der Indivi-

---

11 Die Thematisierung von Vertrauensschutzgütern erfolgt bislang nicht im Rahmen eines übergreifenden Theorieansatzes, sondern allenfalls im sektoralen Bereich einzelner Fallgruppen; vgl. etwa für den Kontext der Wirtschaftsdelikte *Otto*, ZStW 96 (1984), S. 339, 343; *ders.*, in: Eser/Kaiser (Hrsg.), Fünftes deutsch-sowjetisches Kolloquium über Strafrecht und Kriminologie, 1992, S. 183, 187; *ders.*, Grundkurs Strafrecht, Die einzelnen Delikte, 7. Aufl. (2005), § 60 Rn. 1; die Vertrauenskomponente ablehnend *D. Geerds*, Wirtschaftsstrafrecht und Vermögensschutz, 1990, S. 64; *Volk*, MschrKrim 1977, 265, 273; *ders.*, JZ 1982, 85 f.; *Herzog*, Gesellschaftliche Unsicherheit und strafrechtliche Daseinsvorsorge, 1991, S. 118 f.; vgl. zum Vertrauenselement bei den Friedensschutzdelikten Schönke/Schröder-*Lenckner/Sternberg-Lieben*, StGB, 27. Aufl. (2006), § 125 Rn. 2; *Maurach/Schroeder/Maiwald*, Strafrecht BT/2, 9. Aufl. (2003), § 60 Rn. 4; *Hoyer*, Die Eignungsdelikte, 1987, S. 134; *Thomas Fischer*, Öffentlicher Friede und Gedankenäußerung, 1986, S. 385 ff.; *Wehinger*, Kollektivbeleidigung – Volksverhetzung, 1994, S. 85; *Wandres*, Die Strafbarkeit des Auschwitz-Leugnens, 2000, S. 213 ff.; hiergegen *Kargl*, Jura 2001, 178 f.

dualrechtsgüter Geltung beansprucht. Die weiteren Beispiele sind der höchstrichterlichen Rechtsprechung entnommen und beziehen sich auf die Tatbestände der Störung der Totenruhe (§ 168 StGB) sowie der Vorteilsannahme (§ 331 Abs. 1 StGB).

II. Beispielsfälle

1. Angriff auf das Ästhetikgefühl

Nach jahrelangen Anläufen, Blockaden und Nachbesserungen ist nun doch das Gesetz zur Graffitibekämpfung in den Abs. 2 des § 303 StGB eingefügt worden[12]. Der Entwurf geht auf die rot-grüne Koalition zurück, die inzwischen ihren Widerstand gegen eine Verschärfung des Sachbeschädigungsparagraphen nicht nur aufgegeben, sondern sich in der Begründung sogar an die Spitze der Reformbewegung gesetzt hat. Mit Blick auf das Schutzgut des § 303 StGB heißt es im Entwurf lapidar: Eigentum sei mit Ästhetik verbunden und – wörtlich – »Ästhetik schafft Lebensgefühl, das auch strafrechtlich schutzwürdig ist«[13]. Dem Kontext der Begründung lässt sich entnehmen, dass die »Ästhetik des Lebensgefühls« in der Absicht bemüht wird, das Schutzgut aus der individuellen Sphäre der Eigentumsbefugnisse herauszuholen und auf die Ebene des Allgemeininteresses zu transformieren. Da sich Graffitis durch ihre Sichtbarkeit auszeichnen und daher jedermann vor Augen treten, sei auch die Gesellschaft in ihrer täglichen Lebenswelt betroffen[14]. Technisch gesehen wird in dieser Perspektive das Individuum als Träger des

---

12 Durch das 39. StÄG vom 01.09.2005 (BGBl. I, 2674); zu den Materialien vgl. BT-Drucksache 15/5313 (GesE); 15/5/02 (Ber.). Abs. 2 lautet nunmehr: »Ebenso wird bestraft, wer unbefugt das Erscheinungsbild einer fremden Sache nicht nur unerheblich und nicht nur vorübergehend verändert«. Zum weitergehenden Entschließungsantrag des Bundesrats vom 14.05.2005 vgl. BR-Drucksache 382/04; zum Beratungsgang näher *Kühl*, Weber-FS, 2004, S. 413 ff.

13 Vgl. zu den gleichlautenden früheren Gesetzesinitiativen BT-Drucksache 14/569; 14/872; BR-Drucksache 765/01; zum »gefälligen Aussehen« einer Wandfläche vgl. bereits *OLG Karlsruhe*, JR 1976, 336; *OLG Oldenburg*, JZ 1978, 70; ebenso *Scheffler*, NStZ 2001, 290 f.

14 Ähnlich *Merrson*, Neue Zeitschrift für Miet- und Wohnungsrecht (NZM) 1999, 448; *Wassermann*, Deutsche Wohnungswirtschaft (DWW) 1998, 331: Eigentum habe auch eine soziale Funktion in der Gesellschaft.

Rechtsguts »Eigentum« durch das Kollektivgebilde »ästhetisches Lebensgefühl« ersetzt[15]. Aber damit ist der Zenit der Abstraktion noch nicht erreicht.

Flankiert man die Kollektivierung des Opfers mit dem kriminologischen Erklärungsansatz der »broken-windows-Hypothese«[16], dann verweisen »zerbrochene Scheiben« oder eben Graffitis nicht bloß auf belästigendes Verhalten, sie stehen vielmehr als Zeichen und Vorboten einer flächendeckenden Normlosigkeit, die im Betrachter den Eindruck erweckt, als ob der Staat an dieser Situation keinen Anstoß nähme. Daraus entstünde – so heißt es in den vorangegangenen Gesetzentwürfen[17] – eine Erosion des Gemeinschaftsgefühls sowie eine verbreitete Furcht vor Verbrechen, die letztlich zu einem Vertrauensverlust gegenüber dem Staat führe. Als Konsequenz aus dieser Erkenntnis wird seit langem an einem »strafrechtlichen Belästigungsverbot«[18] gefeilt, das angeblich dem allgemeinen Vertrauen darauf Rechnung trägt, dass Vandalismus, Pietätlosigkeit und Verwahrlosung nicht hingenommen werden. So sollen die Graffiti-

---

15 Ausführlicher hierzu *Braum,* KJ 2000, 43; *Kühl,* Weber-FS, 2004, S. 422; *Hefendehl,* NJ 2002, 460; *Appel,* KritV 1999, 298; *Kargl,* JZ 1997, 283; näher zum Universalopfer »Allgemeinheit«: *Hassemer,* Kaiser-FS, 1998, S. 800; *ders.,* StV 1995, 484; *P.-A. Albrecht,* StV 1994, 266; *Bertram,* NJW 1994, 1045; *Kühne,* DRiZ 2002, 21: »Nicht mehr der Täter und das Opfer, sondern nur der Anschlag auf die bürgerliche Ordnung steht im Mittelpunkt der rechtspolitischen Betrachtung«.

16 Vgl. *Wilson/Kelling,* KrimJ 1996, 121 ff.; diff. *Hess,* KrimJ 1996, 184; *Steinert,* NK 1997, 29; *Streng,* Kaiser-FS, 1998, S. 923, 936; *Binninger/Dreher,* in: Dreher/Feltes, Modell New York: Kriminalprävention durch »Zero-Tolerance«, 1997, S. 16 ff.; Hinweise ebenfalls bei *Ingmar Wolf,* Graffiti als kriminologisches und strafrechtsdogmatisches Problem, 2004, S. 90 f.; krit. zu den Erfolgsprognosen zuletzt *Harcourt/Ludwig,* Broken-Windows: New Evidence from New York City and a Five-City-Social Experiment, Chicago Univ. Public Law and Legal Theory Working Paper No. 93, Juni 2005; *S. Lewitt,* Understanding Why Crime Fell in the 1990s: Four Factors That Explain the Decline and Six That Do Not, Journal of Economic Perspectives, Winter 2004.

17 So BT-Drucksachen 14/872; 14/546; 15/404; vgl. auch die instruktiven Darstellungen bei *Weber,* Meurer-GS, 2002, S. 284 f.; *Schnurr,* Graffiti als Sachbeschädigung – Strafbarkeit, Strafwürdigkeit und Strafbedürftigkeit eines gesellschaftlichen Phänomens, Diss. Frankfurt a.M., 2006, S. 12 ff., *Krüger,* NJ 2006, 248 ff.

18 Vgl. den Überblick bei *Andrew von Hirsch,* in: Eser-FS, 2005, S. 189 ff.; *Heger,* StV 2003, 350 ff.; *Hörnle,* in: Hefendehl/von Hirsch/Wohlers (Hrsg.), Die Rechtsgutstheorie – Legitimationsbasis des Strafrechts oder dogmatisches Glasperlenspiel?, 2003, S. 268 ff.; *Wohlers,* Deliktstypen des Präventionsstrafrechts, 2000, S. 269 ff.

sprayereien, die nach einem treffenden Ausdruck *Hassemers* als »symbolische Wunden«[19] begreifbar sind, mit Hilfe einer Norm bekämpft werden, in der es nicht mehr um die Beschädigung körperlicher Gegenstände geht, also weder um Substanzverletzung noch um den Gestaltungswillen des Eigentümers, noch um eine vernünftige Bestimmung der Brauchbarkeit der Sache[20], sondern um die Verletzung eines Gemeinschaftsgefühls, das emotionale Belästigungen mit einem Angriff auf das öffentliche Leben gleichsetzt[21].

2. Angriff auf das Rechtssicherheitsgefühl

Das zweite Gesetzesvorhaben, bei dem ebenfalls der Gedanke des Vertrauensschutzes eine maßgebliche Rolle spielt, betrifft die Bekämpfung des sog. »Stalking«, also der fortgesetzten Verfolgung, Belästigung und Bedrohung einer anderen Person[22]. Im Bundesratsentwurf[23] ist von einer bestehenden Gesetzeslücke die Rede, die der Polizei und der Staatsanwaltschaft oft die Hände binden würde. Dies vermittle dem

---

19 *Hassemer*, NStZ 1989, 555; ähnlich *ders.*, Roxin-FS, 2001, S. 1014; vgl. auch *Rainer Hamm*, KritV 2000, 56; allgemein zum »symbolischen Strafrecht« vgl. *P.-A. Albrecht*, StV 1994, 267; *Monika Voß*, Symbolisches Strafrecht, 1989, S. 26 ff.; *Walter*, Hirsch-FS, 1999, S. 902; *Kargl*, Instrumentalität und Symbolik der positiven Generalprävention, Kriminalsoziologische Bibliographie 1990, S. 105 ff.

20 Zur Dogmengeschichte des Beschädigungsbegriffs ausführlich *Schnurr* (Fn. 17), S. 27 ff.; *Otto*, JK 2000, § 303/3; *Mommsen*, JR 2000, 174; *Scheffler*, NStZ 2001, 291; NK-*Zaczyk*, StGB, 2. Aufl. (2005), § 303 Rn. 12; *Behm*, Sachbeschädigung und Verunstaltung, 1984, S. 147 ff.; *Wolf*, (Fn. 16), S. 111 ff.

21 Dazu instruktiv *Legge*, in: Dreher/Feltes (Hrsg.), New York: Kriminalprävention durch »Zero Tolerance«?, 1997, S. 108 ff.; *Feltes*, a.a.O., S. 13: Kriminalisierung zur Beseitigung der Unordnung.

22 Vgl. hierzu die Beiträge aus der Kriminologie und dem Strafrecht vor allem von *Löbmann*, MschrKrim 2002, 25; *Hoffmann*, Kriminalistik 2001, 34; *Schäfer*, Kriminalistik 2000, 587; *Stange/Rillinger*, StraFO 2003, 194; weitere Nachweise bei *von Pechstaedt*, Stalking – Strafbarkeit nach englischem und deutschem Recht, 1999; *Hess*, ZStW 116 (2004), S. 66 ff.; *Drawe/Oetken*, Stalking – eine Herausforderung für die Sozialarbeit, 2005; *Dreßing/Gass* (Hrsg.), Stalking! Verfolgung, Bedrohung, Belästigung, 2005, S. 11 ff., 101 ff.; *Voß/Hoffmann/Wondrak*, Stalking in Deutschland, 2006.

23 BT-Drucksache 15/5410 vom 27.04.2005, der im wesentlichen auf den Gesetzesantrag des Landes Hessen zurückgeht; vgl. BR-Drucksache 551/04 vom 05.07.2004; krit. hierzu *Weber-Hassemer* im Gespräch mit Rudolf Gerhardt, ZRP 2006, 69.

Opfer ein Gefühl der Hilflosigkeit und sei geeignet, »dessen Vertrauen sowie das Vertrauen der Rechtsgemeinschaft in die Unverbrüchlichkeit der Rechtsordnung nachhaltig zu erschüttern«[24]. In der Beratung des vom Bundesrat eingebrachten Entwurfs wurde diese Einschätzung nicht nur weitgehend geteilt[25], sondern sogar noch durch Präventionsüberlegungen dahingehend überboten, dass dem zunächst harmlos erscheinenden Stalkingverhalten häufig schwerste Verbrechen nachfolgen würden, denen es vorzubeugen gelte[26]. Der von der Bundesregierung am 10.08.2005 verabschiedete und bereits am 23.09.2005 im Bundesrat durchgefallene Gesetzentwurf[27] will seine Botschaft nicht nur an die potentiellen Täter, sondern auch an die Strafverfolgungsbehörden richten. Da nach Auffassung von Fachleuten Anzeigen von Opfern oft nicht mit dem nötigen Nachdruck verfolgt würden, gelte es »Vollzugsdefizite« durch eine materiellrechtliche Verdeutlichung zu kompensieren. Mit dieser Begründung soll – wie beim Graffitigesetz – das kollektive Vertrauen in die staatliche Ordnung als zentraler Bestandteil der Rechtsgutsbestimmung ausgewiesen werden.

Es wäre freilich seltsam, wenn sich in der Rechtfertigung einer Norm, die dem Abschnitt der Straftaten gegen die persönliche Freiheit[28] eingegliedert werden soll, keine Hinweise auf eine individuelle Schutzrichtung finden ließen. Daran fehlt es in der Tat nicht: Das Rechtsgut umfasse auch den Schutz der persönlichen Lebenssphäre vor Beeinträchtigungen der Handlungs- und Entschließungsfreiheit[29], vor Angriffen auf die

---

24 BR-Drucksache 15/5410, S. 6.

25 Vgl. 178. Sitzung des Deutschen Bundestags vom 2. Juni 2005, Plenarprotokoll 15/178, S. 16780 ff.

26 Plenarprotokoll 15/178, S. 16782. Die Einschätzung des häufig behaupteten Zusammenhangs zwischen Stalking und Gewalt konnte in zahlreichen Studien nicht belegt werden; vgl. dazu die Übersicht bei *Smischek*, Stalking. Eine strafrechtswissenschaftliche Untersuchung, 2006, S. 115–123; *Voß/Hoffmann/Wondrak* (Fn. 22), S. 143, 154.

27 Eingehende und skeptische Besprechung des Gesetzentwurfs bei *Georg Steinberg*, JZ 2006, 30 ff.; vgl. auch FAZ vom 11.08.2005.

28 Nach dem Gesetzentwurf des Landes Hessen soll die Stalkingvorschrift in § 241a StGB, nach dem Willen des Bundesrates soll sie in § 238 StGB geregelt werden.

29 BR-Drucksache 551/04, S. 1; in diesem Sinne auch *Smischek* (Fn. 26), S. 255: Verletzung der Privatsphäre.

körperliche Unversehrtheit und das Leben[30], schließlich vor Verletzungen der freien Lebensgestaltung[31]. Berücksichtigt man jedoch, dass beim Stalking-Phänomen die Verbindung zwischen der Handlung und den genannten Rechtsgütern in aller Regel so stark gelockert ist, dass selbst der Vorwurf der generellen Gefährlichkeit nicht durchgehend behauptet werden kann, nimmt es nicht wunder, wenn einige Autoren durch nachstellendes und verfolgendes Verhalten primär nicht die Rechtsgüter »Körper«, »Leben«, »Freiheit« etc., sondern die Empfindungswelt der Bedrohten verletzt oder gefährdet sehen[32]. Nach dieser Maßgabe wäre geschütztes Rechtsgut eines Stalking-Tatbestands das Vertrauen des Individuums auf seine durch das Recht gewährleistete Sicherheit vor besonders gravierenden Bedrohungen. Dieser Vertrauenstatbestand schließe vor allem das Freisein des Einzelnen von Furcht und Schrecken ein[33].

Die Erläuterung des schutzwürdigen Interesses als Vertrauen auf die Sicherheit der eigenen Rechtspositionen schließt ersichtlich an den Begriff des »subjektiven Rechtsfriedens« an, mit dem schon Anfang des

---

30 BT-Drucksache 15/5410, S. 6; so auch der hessische Gesetzentwurf u.a. in § 238 Abs. 2 StGB: »Bringt der Täter das Opfer ... durch die Tat in die Gefahr einer erheblichen Gesundheitsschädigung ...«

31 Plenarprotokoll des Bundestags vom 2. Juni 2005, S. 16781.

32 Überblick bei *Frank Meyer*, ZStW 115 (2003), S. 282 ff.; zur Diskussion um einen eigenständigen, dem Schutz geistig-seelischer Beeinträchtigungen dienenden Deliktstatbestand, der bereits im 18. Jahrhundert von *Regnerius Engelhardt*, *Carl August Tittmann* und *Anselm von Feuerbach* gefordert wurde, vgl. die Studie von *Küper*, Das Verbrechen am Seelenleben: Feuerbach und der Fall Kaspar Hauser in strafrechtswissenschaftlicher Betrachtung, 1991, S. 103 ff.

33 So *von Pechstaedt* (Fn. 22), S. 152; *Schroeder*, Lackner-FS, 1987, S. 665, 671; *Spendel*, Schmitt-FS, 1992, S. 205, 207; hiergegen bereits *Julius Friedrich Abegg*, Beiträge zur Kritik der Lehre von den sogenannten Verbrechen gegen die Geisteskräfte, in: *ders.*, Untersuchungen aus dem Gebiete der Strafrechtswissenschaft, 1830, S. 379 ff. Unter anderem weist er auf die Zurechnungsprobleme zwischen Handlung und Erfolg hin, wenn der Verletzungserfolg in einer »Entwicklungsstörung« liege; er sieht überdies die Gefahr einer tatbestandlichen Ausdehnung auf bloße Moralwidrigkeiten, da der »Erfolg« in vielen Fällen von dem eigenverantwortlichen Handeln des Opfers abhinge; zu weiteren Bedenken (z.B. im Hinblick auf die prozessuale Beweisbarkeit und den subjektiven Tatbestand) vgl. *Küper* (Fn. 32), S. 193, 197.

19. Jahrhunderts das Rechtsgut des § 241 StGB beschrieben wurde[34]. Aber sofern der innere Rechtsfriede das Vertrauen darauf bedeutet, nicht bedroht zu werden[35], bleibt offen, welches Rechtsgut durch eine Bedrohung verletzt werden könnte. Denn die Ratio der Vorschrift würde hiernach nur lauten: Bedrohungen werden verboten, damit man darauf vertrauen kann, nicht bedroht zu werden[36]. Eine solche Umschreibung entbehrt aber auch deshalb jeder Substanz, weil sie empirisch haltlos ist[37]. Die Rechtsordnung kann nicht garantieren, dass niemand bedroht oder in seiner Freiheit verletzt wird. Sie kann jedoch die Erwartung bestärken, dass der Staat Rechtsverletzungen nicht tatenlos hinnimmt. In diesem Sinne versteht *Jakobs*[38] unter »Rechtsfrieden« die Erwartungssicherheit der faktischen Normgeltung. Das spezifische Unrecht (»Partialunrecht«) des § 241 StGB bestehe darin, dass die Geltungsbedingungen der Norm, deren Bruch angekündigt wird, durch die Drohung beeinträchtigt werde[39]. Auf diese Weise werde der Bedrohte in eine Lage versetzt, in der er nicht mehr davon ausgehen könne, dass die Norm Geltung besitzt; ihm sei dadurch die Möglichkeit genommen, sich

---

34 Vgl. *Tittmann*, Handbuch der Strafrechtswissenschaft und der deutschen Strafgesetzkunde, 1. Bd., 2. Aufl. Halle (1822), § 516; *Berner*, Lehrbuch des Deutschen Strafrechtes, 3. Aufl. Leipzig (1866), § 168; *Bayrhammer*, Das Delikt der Bedrohung, 1896, S. 8 ff.; *Goehrs*, Die Delikte der Androhung und der Bedrohung, 1899, S. 483.

35 In diesem Sinne auch die neuere Literatur: *Rengier*, Strafrecht BT II, 6. Aufl. (2005), § 27 Rn. 1; MK-*Gropp/Sinn*, StGB, 2003, § 241 Rn. 2; *Tröndle/Fischer*, StGB, 53. Aufl. (2006), § 241 Rn. 3; LK-*Träger/Schluckebier*, StGB, 11. Aufl. (2002), § 241 Rn. 1; SK-*Horn/Wolters*, StGB, 64. Lfg. (Okt. 2005), § 241 Rn. 2; NK-*Toepel*, StGB, 2. Aufl. (2005), § 241 Rn. 4; Schönke/Schröder-*Eser* (Fn. 11), § 241 Rn. 2.

36 Ebenso *Schroeder*, Lackner-FS, 1987, S. 670; *Teuber*, Die Bedrohung – § 241 I StGB, 2001, S. 53; *Gössel/Dölling*, Strafrecht BT 1, 2. Aufl. (2004), § 18 Rn. 65: »konturenlos«; *Maurach/Schroeder/Maiwald* (Fn. 11), § 16 Rn. 2; zur Unklarheit über den Begriffsinhalt auch *Fischer*, NStZ 1988, 162; *Junge*, Das Schutzgut des § 130 StGB, 2000, S. 30 ff.; *Kissel*, Aufrufe zum Ungehorsam und § 111 StGB, 1996, S. 115; *Stegbauer*, Rechtsextremistische Propaganda im Lichte des Strafrechts, 2000, S. 167 ff.; *ders.*, JR 2004, 281 ff.

37 Zur Definition des Rechtsfriedens vgl. näher *Kargl*, Jura 2001, 179 ff.; zusammenfassende Darstellung auch bei *Hörnle*, Grob anstößiges Verhalten. Strafrechtlicher Schutz von Moral, Gefühlen und Tabus, 2005, S. 92 ff.

38 *Jakobs*, Strafrecht AT, 2. Aufl. (1991), 2. Abschn. Rn. 25c.

39 *Jakobs*, Kriminalisierung im Vorfeld einer Rechtsgutsverletzung, ZStW 97 (1985), S. 774 f.

rational so zu orientieren, als werde er nicht vom Delikt betroffen werden[40].

Jakobs ist indes nur in straftheoretischer Hinsicht beizupflichten: Die Strafe hat klar zu stellen, dass die Norm weiterhin Geltung beansprucht[41]. Doch diese faktische Normgeltung kann durch die Drohung – oder durch belästigendes Nachstellen – nicht verletzt werden, weil die Garantie zu keinem Zeitpunkt preisgegeben wird[42]. Das weiß auch der Bedrohte. Was ihn jedoch vom Opfer nicht angekündigter Normbrüche unterscheidet, ist die Verletzung des (relativen) Vertrauens darauf, dass er nicht Opfer einer Straftat wird. Sollte der Normbruch tatsächlich erfolgen, wird das Strafrecht die Geltung der Norm durch Widerspruch des Widerspruchs wiederherstellen. Somit kann Schutzgut des § 241 StGB – sowie auch der Stalking-Vorschrift – nicht das Vertrauen auf die Normgeltung, sondern allenfalls das Vertrauen des Einzelnen darauf sein, dass seine Rechtsgüter nicht verletzt werden[43]. Aber auch für einen so verstandenen Begriff des Rechtsfriedens gilt, dass ein Strafrecht, das den effektiven Schutz der Rechtsgüter verspricht, die Erfolglosigkeit zum Programm erheben würde[44].

---

40 *Jakobs*, Strafrecht AT, (Fn. 38), 2. Abschn. Rn. 25c.

41 Damit wird lediglich auf die positive Generalprävention, also auf die allgemeine Aufgabe des Strafrechts verwiesen; vgl. *Roxin*, Strafrecht AT/1, 4. Aufl. (2006), § 3 Rn. 21 ff.

42 So bereits *Kleineberg*, Die Drohung als Mittel zur Begehung strafbarer Handlungen, 1907, S. 9; ähnlich *Hug von Schlieren*, Die Drohung im Strafrecht, 1924, S. 25; *v. Liszt*, Lehrbuch des Deutschen Strafrechts, 13. Aufl. (1903), S. 407; *Goehrs* (Fn. 34), S. 480. Gegen eine Verselbständigung des Rechtsguts »öffentlicher Friede«, die den schützenden Zustand im Unterbleiben von Straftaten sieht, spricht auch der Umstand, dass eine Verletzung der öffentlichen Sicherheit stets mit einer Verletzung bzw. Gefährdung anerkannter Rechtsgüter einhergeht, somit die Reichweite des Kollektivguts und die der dahinter stehenden Individualrechtsgüter deckungsgleich sind; vgl. dazu *Hassemer*, Theorie und Soziologie des Verbrechens, 1973, S. 59; *Langer-Stein*, Legitimation und Interpretation der strafrechtlichen Verbote krimineller und terroristischer Vereinigungen, 1987, S. 88; *Amelung*, in: Hefendehl/v. Hirsch/Wohlers (Hrsg.), Die Rechtsgutstheorie, 2003, S. 172 f.; *Renzikowski*, Meurer-GS, 2002, S. 187.

43 Vgl. *Teuber* (Fn. 36), S. 54 f.

44 Näher liegt daher eine Rechtsgutsbestimmung, die auf die Freiheit der Willensentschließung und der Willensbetätigung abstellt; vgl. dazu *Gössel/Dölling* (Fn. 36), § 18 Rn. 65; *Blei*, Strafrecht AT, 18. Aufl. (1983), § 21 I; *Welzel*, Das Deutsche Strafrecht, 11. Aufl. (1969), § 43 VI; zur Differenzierung zwischen »Drohung« und »War-

3. Angriff auf das Pietätsgefühl

In der Entscheidung des *Bundesgerichtshofs* vom 22. April 2005[45] schiebt sich die mit der Universalisierung des Rechtsguts einhergehende Abwertung des individuellen Opfers deutlicher ins Bild. Es geht dabei um den skurrilen Fall des »Kannibalen von Rotenburg«, bei dem unter anderem darüber zu entscheiden war, ob sich der Täter einer Störung der Totenruhe auch dann schuldig macht, wenn dem Verstorbenen genau das widerfährt, was zuvor zwischen den Beteiligten vereinbart wurde. Das *Landgericht* hatte das in § 168 Abs. 1 StGB vorausgesetzte Merkmal des »beschimpfenden Unfugs« mit dem Argument verneint, dass das Einverständnis des Tatopfers eine Missachtung seines postmortalen Andenkens ausschließe[46]. Gegen diese – wohl auch von der herrschenden Literaturmeinung[47] vertretene – Personalisierung des Rechtsguts wendet der *BGH* ein, dass die Vorschrift auch das Pietätsgefühl der Allgemeinheit schütze[48] –, ein Kollektivrechtsgut also, das für die Betroffenen nicht

---

nung« unter dem Aspekt der Freiheitsbeschränkung auf der Opferseite vgl. *Küper*, GA 2006, 439 ff., 464 ff.; zum älteren Schrifttum vgl. *Hälschner*, Das gemeine deutsche Strafrecht II, Bonn 1884, § 39; mit guten Gründen für eine Rechtsgutsbestimmung, die Stalking dem strafrechtlichen Persönlichkeitsschutz unterstellt, *Smischek* (Fn. 26), S. 255 ff.

45 *BGH*, NJW 2005, 1876 ff.

46 *LG Kassel* vom 30. Januar 2004; vgl. 2 StR 310/04, S. 14 f.

47 Zum »Pietätsempfinden« als Schutzgut des § 168 StGB vgl. z.B. *Lackner/Kühl*, StGB, 25. Aufl. (2004), § 168 Rn. 1; NK-*Herzog*, StGB, 2. Aufl. (2005), § 168 Rn. 2; Schönke/Schröder-*Lenckner*, StGB, 27. Aufl. (2006), vor § 166 Rn. 2; LK-*Dippel*, StGB, 11. Aufl. (2003), § 168 Rn. 3; *Maurach/Schroeder/Maiwald* (Fn. 11), § 25 Rn. 38; *Forkel*, Krause-FS, 1990, S. 307; *Rüping*, GA 1977, 304 f.; *Eser*, in: Listl/Pirson (Hrsg.), Handbuch des Staatskirchenrechts der Bundesrepublik Deutschland, 2. Aufl. (1995), S. 1020; *Lüthe*, Zur Strafbarkeit eigenmächtiger Leichenteilentnahmen durch Ärzte, 2001, S. 19 ff.; *Bloy*, Eser-FS, 2005, S. 240; allgemein zum Begriff des Pietätsgefühls instruktiv *Hunger*, Das Rechtsgut des § 189 StGB, 1996, S. 33, 67 ff.; *Hassemer* (Fn. 42), S. 237 f.; auch die Begründung der letzten Gesetzesänderung vom 26.01.1998 (BGBl. I, S. 164) verweist auf das Pietätsempfinden der Angehörigen und der Allgemeinheit; vgl. BT-Drucksache 13/8587, S. 22 f.

48 *OLG München*, NJW 1976, 1806; LK-*Dippel* (Fn. 47), § 168 Rn. 2; *Czerner*, ZStW 115 (2003), S. 97; *Sternberg-Lieben*, NJW 1987, 2062; *BGH*, NJW 2005, 1878, 1879; wie der *BGH* nunmehr auch die Entscheidung des *Landgerichts Frankfurt a. M.* vom 9. Mai 2006, in der der »Kannibale von Rotenburg« wegen Mordes zu einer lebenslangen

disponibel sei. An dieser Aussage mag schon die empirische Behauptung irritieren, es gäbe ein psychisches Massenphänomen, das den Namen Pietätsgefühl verdient. Denn Realität kann Empfinden immer nur in einzelnen Personen gewinnen. Im Falle des § 168 StGB wäre dabei in erster Linie an diejenigen zu denken, deren Gefühle durch die Störung der Totenruhe verletzt werden[49].

An dieser faktischen Klippe will der *BGH* die Bestimmung des Rechtsguts nicht scheitern lassen. Seine Argumentation führt deshalb auf normatives Gelände, aber je tiefer er dabei gräbt, desto weniger ist von Gefühlen die Rede, desto mehr drängen sich wertungsgeladene Begriffe in den Vordergrund, deren Gewicht – so haben wir es schon in *Hassemers* Untersuchung gesehen – andere Auffassungen ins argumentative Abseits zu stellen droht. Auf dieser Linie entwickelt der *BGH* sein Verständnis vom Schutz der Totenruhe aus dem begrifflichen Umfeld der Menschenwürde, deren Qualität freilich nicht vom Achtungsanspruch der individuellen Person, sondern vom Menschen als Gattungswesen hergeleitet wird. Dementsprechend komme es bei der Handlungsmodalität des »beschimpfenden Unfugs« darauf an, »ob der Täter dem Menschsein seine Verachtung bezeigen bzw. die Menschenwürde als Rechtsgut an sich missachten will.«[50]. Diese kollektivorientierte Fundie-

---

Freiheitsstrafe verurteilt wurde, weil er zur Befriedigung des Geschlechtstriebs und zur Ermöglichung einer Straftat getötet habe. Die andere Straftat bestehe in der Störung der Totenruhe, da das »Schlachten« und »Ausnehmen« des Opfers das Pietätsgefühl der Allgemeinheit verletze; vgl. dazu den ausführlichen Bericht in der FAZ vom 18.05.2006.

49 Soweit dabei an den vorrangigen Schutz der Angehörigen gedacht wird, versagt diese Begründung freilich bei Verstorbenen, die keine Angehörigen hinterlassen oder in Fällen, in denen die Angehörigen die Tat selbst begehen. Unter solchen Umständen müsste – entgegen dem Wortlaut – die Anwendung des § 168 StGB teleologisch ausgeschlossen werden. Käme es entscheidend auf das Pietätsgefühl der Angehörigen an, hätte der Gesetzgeber wohl schwerlich auf das Erfordernis eines Strafantrags verzichtet; siehe hierzu ausführlicher *Heldrich,* Lange-FS, 1970, S. 170; *Hunger* (Fn. 47), S. 53; *Kretschmer,* Der Grab- und Leichenfrevel als strafwürdige Missetat, 2002, S. 275 f., 302; *Stellpflug,* Der strafrechtliche Schutz des menschlichen Leichnams, 1996, S. 35 f.; *Hörnle* (Fn. 37), S. 368: Die Rechtfertigung mit dem fiktiven »Pietätsgefühl der Allgemeinheit« laufe auf den unmittelbaren Schutz sozialethischer Verhaltensanforderungen hinaus; in diesem Sinne auch *Rüping,* GA 1977, 302.

50 *BGH,* NJW 2005, 1878; vgl. auch *BVerfG,* NJW 2001, 2959; *BVerfGE* 30, 196; zur Würde des Menschen als Gattungswesen vgl. *BVerfG,* NStZ 1993, 75.

rung erweitert das strafrechtliche Handlungsrepertoire in zwei Richtungen. Einerseits bestimmt sich die Reichweite der Strafnorm nicht mehr danach, ob und in welchem Umfang der Verstorbene oder die Hinterbliebenen im postmortalen Bereich geschützt werden wollen. Unter dem normativen Aspekt der gattungsmäßigen Bestimmung des Menschen ist damit zwar klargestellt, dass der Einzelne darauf vertrauen kann, nach seinem Tod nicht wie ein Stück unbelebte Natur behandelt zu werden. Andererseits bedingt die extreme Normativierung des Rechtsguts eine deutliche Einschränkung der Verteidigungsmöglichkeiten des Täters. Bewertet nämlich der Angeklagte sein Verhalten nur unter dem Gesichtspunkt der Verletzung des postmortalen Achtungsanspruchs, stellt dies – worauf der *BGH* ausdrücklich hinweist[51] – nur einen unbeachtlichen Subsumtionsirrtum dar. So kann durch Verunklarung des Schutzguts die Berufung auf einen Tatbestandsirrtum fast unmöglich gemacht werden.

4. Angriff auf die Sachlichkeit der Dienstausübung

Das vierte Beispiel entstammt den Korruptionsdelikten, die herkömmlicherweise dem Schutz von Universalgütern zugerechnet werden. Ich beziehe mich auf den Fall »Dr. Kremendahl«, dem vorgeworfen wurde, als Oberbürgermeister Wahlkampfgelder in Höhe von 500000 DM von einem Bauunternehmer entgegengenommen zu haben, um im Gegenzug seine bisherige investorenfreundliche Politik fortzusetzen. Durch dieses Verhalten des Dr. K sah sowohl die Vorinstanz[52] als auch der *BGH*[53] den Tatbestand der Vorteilsannahme gem. § 331 Abs. 1 StGB dem Wortlaut nach als erfüllt an. Dass beide Gerichte gleichwohl eine Verurteilung des Angeklagten ablehnten, ist für mein Thema deshalb bedeutsam, weil die

---

51 *BGH*, NJW 2005, 1878; näher zum postmortalen Achtungsanspruch, der das Schutzgut in der überdauernden Menschenwürde des Verstorbenen erblickt und damit die Schranken des Umgangs mit Toten zu Recht nicht allein unklaren sozialethischen Maßstäben überlässt, vgl. *Kunig*, in: v.Münch/Kunig, Grundgesetz-Kommentar, Bd. 1, 5. Aufl. (2000), Art. 1 Rn. 15; NK-*Herzog*, StGB, 2. Aufl. (2005), § 168 Rn. 1; *Stentenbach*, Der strafrechtliche Schutz der Leiche, 1992, S. 59; *Knut Müller*, Postmortaler Rechtsschutz – Überlegungen zur Rechtssubjektivität Verstorbener, 1996, S. 87 ff.

52 *LG Wuppertal*, NJW 2003, 1405 ff.

53 *BGH*, NJW 2004, 3569 ff.

Begründungen trotz übereinstimmender Rechtsgutsüberlegungen jeweils einer anderen Linie folgten. In Anlehnung an die grundlegende Entscheidung des *BGH* aus dem Jahre 1960[54] bezeichnen beide Gerichte als Schutzzweck der Bestechungsdelikte das »Vertrauen der Allgemeinheit in die Sachlichkeit der Entscheidungen der Amtsträger«. Übernommen wird ebenfalls die mit dieser Paraphrasierung verbundene Akzentverschiebung gegenüber früheren Konzeptionen des Schutzgedankens, die allein den Wirkungen der Vorteilsannahme »nach innen«, also der Erschütterung des Amtsethos und der Selbstkorrumpierung des Amtsträgers begegnen wollten[55]. Nunmehr liege der Schwerpunkt auf der Außenwirkung. Infolgedessen reiche schon der Anschein der Käuflichkeit, um das Vertrauen der Allgemeinheit zu erschüttern[56]. Dieser Anschein verlange nicht, dass der Vorteil als Gegenleistung für eine bestimmte Diensthandlung des Amtsträgers gedacht sei, er verlange noch nicht einmal seine Verknüpfung mit einem pflichtwidrigen Verhalten des Amtsträgers[57]. Zitiert wird überdies das *Korruptionsbekämpfungsgesetz* von 1997[58], das in der Spur der Vertrauensschutzüberlegungen auch jene Fälle erfassen wollte, in denen durch die Vorteile nur das generelle Wohlwollen des Amtsträgers erkauft bzw. »allgemeine Klimapflege« betrieben wird.

Die Art und Weise, in der das *Landgericht Wuppertal* und der *BGH* diese von ihnen respektierte Vorgabe auf den Fall anwenden, entpuppt sich

---

54 *BGHSt* 15, 96 f.; vgl. auch *BGHSt* 31, 280; 39, 46; 47, 25; aus der Literatur: Schönke/Schröder-*Cramer* (Fn. 11), § 331 Rn. 3; SK-*Rudolphi/Stein*, 6. Aufl. (2004), § 331 Rn. 4; *Schlüchter*, Geerds-FS, 1995, S. 713; *Möhrenschlager*, JZ 1996, 823.

55 Zu den älteren Auffassungen vgl. *Arthur Kaufmann*, JZ 1959, 376; *Geerds*, Über den Unrechtsgehalt der Bestechungsdelikte und seine Konsequenzen für die Rechtsprechung und Gesetzgebung, 1961, S. 64 ff.; *Erb*, Der Beamtenbegriff des Strafrechts (§ 350 StGB) und seine Anwendung auf die Amtsträger der Bewegung, 1938, S. 29; *Mezger*, ZStW 57 (1938), S. 697; *Sauer*, System des Strafrechts: Bes. Teil, 1954, S. 505.

56 *BGH*, NJW 2004, 3571 im Anschluss an *BGHSt* 15, 354; *BGH*, NJW 1987, 1342; NStZ 1984, 25; NStZ 1985, 499; *BGHSt* 30, 48; ebenso *Dölling*, Gutachten C zum 61. DJT 1996, C 49; *ders.*, ZStW 112 (2000), S. 334; ähnlich im Ergebnis NK-*Kuhlen*, StGB, 2. Aufl. (2005), § 331 Rn. 12 f.

57 *LG Wuppertal*, NJW 2003, 1406; näher dazu *Knauer/Kaspar*, GA 2005, 392 f.; zu Drittvorteilen vgl. *Schreiber/Rosenau/Combé/Wrackmeyer*, GA 2005, 265 ff.

58 BGBl. I, 2038; BT-Drucksache 13/6424; vgl. auch *Graupe*, Die Systematik und das Rechtsgut der Bestechungsdelikte, 1988, S. 116; *Wagner*, JZ 1993, 474; zur Strafbarkeit von sog. Anbahnungszuwendungen vgl. zuletzt *BGHSt* 49, 281 f.; NStZ 2005, 335.

als ein Lehrstück für die multifunktionale Beweglichkeit der Vertrauensschutzlehre. Das *LG* erklärt im Anschluss an die Entscheidung des *BGH* aus dem Bereich der Drittmittelforschung die Vorteilsannahme in den Fällen für gerechtfertigt, in denen bei der Einwerbung von Parteispenden das hierfür vorgeschriebene Verfahren der Anzeige und Genehmigung eingehalten wird. Infolge der Transparenz des Verfahrens werde – so die Begründung – das Vertrauen der Allgemeinheit in die Sachlichkeit der Dienstausübung nicht verletzt[59]. Dem hält der *BGH* entgegen, dass die Publizierungspflicht der Spenden dem Vertrauensschutzgut nur unzureichend Rechnung trägt, weil diese die individuelle Beziehung zwischen Spender und Amtsträger nicht enthülle[60]. Eine Bestrafung des Dr. K verbiete sich aber unter dem Gesichtspunkt der Gleichheit der Wahlchancen, da der Angeklagte als Amtsträger gegenüber einem Mitbewerber, der keine entsprechende Stellung innehat, hinsichtlich der Effizienz seines Wahlkampfs benachteiligt werde[61]. Mit dieser Argumentation stellt der *BGH* nicht nur das System der Auslegungsregeln und den Sinn der Amtsdelikte in Frage[62], er liquidiert stillschweigend auch die eigene Konzeption vom Rechtsgut der Korruptionsdelikte. Denn der Umstand, dass ein Amtsträger gegenüber einem Nichtamtsträger strafrechtlich im Nachteil ist, ändert nichts an den Wirkungen der Vorteilsannahme im Hinblick auf mögliche Vertrauenseinbußen.

Deutlich wird aus alldem nur, dass das weite Gewand des Vertrauensrechtsguts im Einzelfall durch außerstrafrechtliche Maßstäbe zurückgeschnitten werden muss. Aus diesem Dilemma befreit auch nicht der Lösungsansatz des *Landgerichts,* der mit empirischen Annahmen zu punkten sucht. So kann durchaus bezweifelt werden, ob die Aussage, dass durch die Einhaltung von Verfahrensprozeduren das Vertrauen in die Integrität des Staates sichergestellt wird, in dieser Allgemeinheit

---

59 *LG Wuppertal,* NJW 2003, 1406 unter Berufung auf *BGH,* NJW 2002, 2801; NJW 2003, 766; NStZ-RR 2003, 171; zust. *Korte,* NStZ 2003, 157; *Tholl,* wistra 2003, 181; *Kuhlen,* JR 2003, 231; *Rönnau,* JuS 2003, 232; Überblick über weitere Rspr. und Literatur zur Drittmitteleinwerbung bei *Heinrich,* NStZ 2005, 256 ff.; *Fürsen,* Drittmitteleinwerbung und -forschung im Spiegel des Strafrechts, 2005, S. 57 ff.

60 *BGH,* NJW 2004, 3572: »nicht vergleichbar«.

61 *BGH,* NJW 2004, 3574 f.; zust. *Saliger/Sinner,* NJW 2005, 1073 f.; *Knauer/Kaspar,* GA 2005, 399.

62 Vgl. dazu meine Ausführungen in: JZ 2005, 505 ff.

überhaupt zutrifft[63]. Der Logik des *LG* zufolge müsste in einer Bananenrepublik, in der man sich gar nicht mehr der Mühe der Verheimlichung von Zuwendungen unterzieht, das Norm- und Staatsvertrauen besonders ausgeprägt sein. Gerade in dem hier zu beurteilenden Fall bedarf es keiner beträchtlichen Phantasie, sich vorzustellen, wie es in der Bevölkerung ankommt, wenn ein Bauunternehmer, der ein konkretes, von der eigenen Partei abgelehntes Projekt verfolgt, den gesamten Wahlkampf eines Oberbürgermeisters finanziert, der zwar einer fremden Partei angehört, dafür aber sein Wohlwollen hinsichtlich des geplanten Projekts bereits hinreichend durchblicken ließ[64]. Das Misstrauen gegenüber der Sachlichkeit der Amtsführung des Oberbürgermeisters dürfte durch die Publizierung dieses haarsträubenden Vorgangs nicht gerade kleiner werden. Wenn man aber im Rechtsgut der Korruptionsdelikte den Vertrauensgedanken stark macht, dann darf man nicht gleichzeitig erwarten, dass die sozusagen »ungenierte« Einflussnahme das Vertrauen der Allgemeinheit in die Lauterkeit der Amtsträger unberührt lässt.

5. Zwischenbilanz

a) Mittelbarer Rechtsgüterschutz

Bei den genannten Beispielen springt zunächst die Vervielfältigung der Schutzgüter ins Auge. Im Fall der Reform des Sachbeschädigungsdelikts wurde mit der Bezugnahme auf das »allgemeine Ästhetikgefühl«, durch dessen Verletzung das Vertrauen in den Staat leiden soll, ein Perspektivenwechsel vorgenommen, der das herkömmlicherweise individuell ausgelegte Rechtsgut in ein Kollektivgut verwandelt. Da gleichzeitig die bisherige Formulierung des § 303 Abs. 1 StGB erhalten bleibt, führt die Ausweitung des Rechtsguts auf das Vertrauen in den Schutz des ästhetischen Lebensgefühls zu einer Mischform aus individuellen[65] und kollek-

---

63 Vgl. krit. zu den empirischen Annahmen und zur Legitimität der »Eindrucks- oder Anscheinskriminalität« *Ransiek*, StV 1996, 450; *Kargl*, ZStW 114 (2002), S. 790.

64 Zu den Hintergrundinformationen vgl. *Leyendecker*, Wie unser Land im Filz versinkt, 2. Aufl. (2003), S. 19 ff.

65 Vgl. zum individualrechtlich konzipierten Eigentumsbegriff: Schönke/Schröder-*Stree* (Fn. 11), § 303 Rn. 1; *Tröndle/Fischer* (Fn. 35), § 303 Rn. 2; *Kargl*, JZ 1997, 284 ff.; instruktiv zur interpersonalen Konzeption des Eigentumsrechts, das einerseits ein Ausschließungsrecht statuiere, andererseits aber nicht mit willkürlicher Herr-

tiven Komponenten. Diese Dualstruktur findet sich auch beim Gesetzentwurf des Stalkingtatbestands sowie bei der *BGH*-Auslegung des § 168 Abs. 1 StGB. Durch das Verbot der nachstellenden Bedrohung soll nicht nur das Vertrauen der Allgemeinheit in die Unverbrüchlichkeit der Rechtsordnung gestärkt, sondern zugleich der Angriff auf die Schutzgüter »Willensfreiheit«, »Körper«, »Leben« und »Lebensgestaltung« abgewehrt werden[66]. Damit wird dem Vertrauenstatbestand über den Schutz der Normgeltung hinaus die weitere Aufgabe aufgebürdet, eine Vielzahl individueller Rechtsgüter zumindest mittelbar bzw. flankierend zu schützen. Dieser Befund gewinnt im Begriff des »Rechtsfriedens« häufig keine deutliche Kontur, da er den Eindruck vermittelt, als ob das Sicherheitsgefühl des Einzelnen und das Sicherheitsgefühl der Allgemeinheit zwei Seiten eines einheitlichen Schutzguts seien[67]. Im Falle der »Störung der Totenruhe« ist es ebenfalls ein Gefühl, das den weiten Bogen zwischen individuellen und kollektiven Interessen überbrücken soll. Durch die Universalisierung des Pietätsempfindens öffnet sich für den Rechtsanwender ein Gestaltungsraum, in dem die Auslegungsströme ungehindert fließen dürfen, weil es immer ums Ganze des Menschseins und der

---

schaft über Dinge gleichzusetzen sei: *Julia Kaufmann*, Zur Identität des strafrechtlichen Zueignungsbegriffs, 2005, S. 31 ff., 44 f.; *Schnurr* (Fn. 17), S. 120 ff.

66 Typischerweise wird diese Kombination aus der Gefährdung multipler Individualrechtsgüter und der Verletzung des Kollektivvertrauens eingesetzt, wenn es um Verhalten geht, das (vermeintlich) ein »psychisches Klima« für Friedensstörungen aufheizt; vgl. *OLG Celle*, NStZ 1997, 496: Schaffung eines gewaltfördernden Klimas des Hasses; *Giering*, StV 1985, 35; *Rudolphi*, ZRP 1979, 220; *Junge* (Fn. 36), S. 72 ff.; *Sternberg-Lieben*, Die objektiven Schranken der Einwilligung im Strafrecht, 1997, S. 389 f. Nach *Hörnle* (Fn. 37), S. 95 stellt sich das entscheidende Legitimationsproblem bei den sog. »Klimadelikten« mit der Frage, wie verdünnt das Gefahrenpotenzial für ein Individualrechtsgut sein darf; krit. mit Blick auf eine Vorverlagerung des Strafrechtsschutzes auch *Müller-Dietz*, in: Scholler/Philipps (Hrsg.), Jenseits des Funktionalismus: Arthur Kaufmann zum 65. Geburtstag, 1989, S. 100 ff.; *Schünemann*, Schmitt-FS, 1992, S. 128; *Mitsch*, in: Klein (Hrsg.), Rassische Diskriminierung, 2002, S. 166 f.

67 Gegen eine Deutung des Rechtsfriedens als sozialpsychologisches Phänomen überzeugend *Thomas Fischer* (Fn. 11), S. 527 ff.; *ders.*, NStZ 1988, 163; *ders.*, GA 1989, 451; vgl. auch *Kai Fischer*, Die Zulässigkeit aufgedrängten staatlichen Schutzes vor Selbstschädigung, 1997, S. 216; *Beck*, Unrechtsbegründung und Vorfeldkriminalisierung, 1992, S. 143 ff.; krit. auch *Schroeder*, Straftaten gegen das Strafrecht, 1985, S. 12; *Wehinger* (Fn. 11), S. 75.

gesellschaftlichen Verfassung geht. Die Einbuße des Vertrauens stellt unter dieser Maßgabe weder den einzigen noch den primären Schaden dar.

b) Unmittelbarer Rechtsgüterschutz

Im Unterschied zu den eben angeführten Beispielen, bei denen die Verlagerung auf den Gefühlsschutz paradoxerweise mit einer Kollektivorientierung von Rechtsgütern einhergeht, werden die Bestechungsdelikte seit jeher dem abstrakten Schutzzweck der »Reinheit der Amtsführung«[68], der »Lauterkeit des öffentlichen Dienstes«[69] oder der »Unbestechlichkeit der Amtsträger«[70] unterstellt. Mit diesen Deutungen will man den Wirkungen der Vorteilsannahme »nach innen«, also der Erschütterung des Amtsethos und der Selbstkorrumpierung des Amtsträgers begegnen[71]. Sofern es bei den betreffenden Beschreibungen bliebe, hätten wir es mit Problemen zu tun, die sich generell bei der Legitimierung von Kollektivschutzgütern stellen[72]. Zu klären wäre dann vor allem, ob sich in den hochabstrakten Gutsbeschreibungen Verbindungslinien zu personalen Interessen aufweisen lassen. Es gälte zu untersuchen, inwieweit institutionelle Rechtsgüter als verletzungsanfäl-

68 *RGSt* 72, 176; *BGHSt* 10, 241. Nach überwiegender Ansicht gilt dies als Kriterium aller Amtsdelikte; vgl. *Arthur Kaufmann*, JZ 1959, 378; SK-*Rudolphi/Stein* (Fn. 54), StGB, vor § 331 Rn. 6; *Geerds* (Fn. 55), S. 47.

69 Siehe BT-Drucksache 7/550, S. 269; *Erb* (Fn. 55), S. 29; *Mezger*, ZStW 57 (1938), S. 697; *Wachinger*, Verbrechen und Vergehen im Amt, in: Vergleichende Darstellung des Deutschen und Ausländischen Strafrechts, Bes. Teil, Bd. IX, 1906, S. 299 f.

70 *Geppert*, Jura 1981, 46; offengelassen in BT-Drucksache 7/550, S. 269; dagegen jedoch die Begründung der Bundesregierung zum Entwurf eines Gesetzes zur Bekämpfung der Korruption, BR-Drucksache 553/96, S. 15, 33.

71 Zu den Wurzeln dieser Rechtsgutsbestimmung im römischen Recht vgl. *Merges*, Die Strafausschließungsgründe der Bestechungsdelikte, 1996, S. 27 ff.; *Binding*, Lehrbuch des Gemeinen Deutschen Strafrechts, Bes. Teil 2, 1905, S. 714 f.; *Mommsen*, Römisches Strafrecht, 1899 (Nachdr. 1961), S. 674 f.

72 Zum Stand der Diskussion vgl. *Koriath*, GA 1999, 561 ff.; *Wohlers*, GA 2002, 15 ff.; *Hefendehl*, GA 2002, 21 ff.; *Müssig*, Schutz abstrakter Rechtsgüter und abstrakter Rechtsgüterschutz, 1994, S. 173 ff., 184 ff.; *Hohmann*, Das Rechtsgut der Umweltdelikte, 1991, S. 64 ff.; *Herzog*, (Fn. 11), S. 34, 128 ff.; *Wohlers* (Fn. 18), S. 94 ff.; *Stratenwerth*, Wolff-FS, 1998, S. 500 ff.

lig interpretiert werden können und wem die Rechtsmacht zugewiesen wird, über das Schutzgut disponieren zu dürfen. Auf den Prüfstand gehörten nicht zuletzt Strafzwecküberlegungen, die der Entmaterialisierung von Rechtsgütern[73] und deren etatistischer Fundierung Vorschub leisten. Dass Institutionen und Kollektivempfindungen, denen das Etikett »Rechtsgut« umgehängt wird, einer kritischen Überprüfung dieser Problematik oft nicht standhalten, hat *Hassemer* in zahlreichen Abhandlungen[74] ausführlich dargelegt.

Was aber ändert sich, wenn Allgemeininteressen, deren Legitimation weitgehend konsentiert ist, um die Dimension des Vertrauens erweitert werden? Auf welchen Gewinn kann eine Rechtsgutslehre hoffen, die – im Beispielsfall des § 331 Abs. 1 StGB – in das einigermaßen klar umrissene Schutzgut der »Sachlichkeit der Entscheidungen der Amtsträger oder Richter« das Vertrauen der Allgemeinheit als weiteres Merkmal implantiert? Die Gerichte geben eine kriminalpolitische, auf Sicherheit und Risikominimierung abgestellte Antwort: Es reiche schon der Anschein der Käuflichkeit von Diensthandlungen aus, um das Vertrauen der Allgemeinheit zu erschüttern[75]. Demgegenüber gräbt die neuere Literatur normtheoretisch tiefer, wenn sie in der Vertrauenskomponente das notwendige Verbindungsglied zwischen Individuum und Institution erblickt. Erst über das Vertrauenselement werde der notwendige Rückbezug des kollektiven Rechtsguts auf personale Interessen gewahrt[76] und zugleich der inhaltliche Bezugspunkt bestimmt, der den inkriminierten Handlungen eine reale Angriffsfläche bietet. Universalrechtsgüter ließen sich auf diese Weise vom Subjekt her begründen. Es wird in der nachfolgenden Skizze zu zeigen sein, dass mit Hilfe der Vertrauenskategorie weder eine Personalisierung noch eine Limitierung von Rechtsgütern

---

73 Hierzu instruktiv *Rainer Keller*, ZStW 107 (1995), S. 457 ff.; *Krüger*, Die Entmaterialisierung beim Rechtsgutsbegriff, 2000, S. 62 ff., 81 ff., 94 ff.

74 Vgl. nur *Hassemer* (Fn. 42), S. 83 f., 188 f.; *ders.*, NStZ 1989, 557; NK-*Hassemer*, StGB, 1. Aufl., vor § 1 Rn. 275; ferner *ders.*, Arthur Kaufmann-FS, 1989, S. 85 ff.

75 So z.B. *OLG Frankfurt*, NJW 1989, 848; 1990, 2075; *OLG Karlsruhe*, NJW 1989, 238 f.; *OLG Koblenz*, wistra 1985, 83; vgl. auch *Graupe* (Fn. 58), S. 116; *Wagner*, JZ 1993, 474.

76 Mit dieser Begründung unternimmt *Hefendehl* den Versuch, eine eigenständige Gruppe von »gesellschaftsrelevanten Vertrauensrechtsgütern« zu bilden; vgl. seine Habilitationsschrift »Kollektive Rechtsgüter im Strafrecht«, 2002, S. 124 ff.

gelingen kann[77]. Dabei soll als Aufbaugerüst und Leitfaden danach unterschieden werden, ob »Vertrauen« zum Bestandteil eines herkömmlich individuell oder eines traditionell kollektiv verstandenen Rechtsguts erklärt wird.

III. Kritik

1. Vertrauen als Komponente der Individualrechtsgüter

a) Normgeltung

Analysiert man deliktisches Verhalten unter dem Gesichtspunkt seiner schädlichen Wirkungen, lässt sich verhältnismäßig leicht ein Effekt identifizieren, bei dem das Vertrauen zwar eine Rolle spielt, aber keine Rechtsgutsrelevanz entfaltet. Dieser Verhaltenseffekt besteht im Normwiderspruch, der die mangelnde Anerkennung des jeweiligen Verbots ausdrückt und dadurch das Vertrauen enttäuscht, Normen würden befolgt[78]. Damit wird lediglich die generalpräventive Aufgabe des Strafrechts in ihrer positiven Gestalt beschrieben[79] und kein Primärschaden identifiziert, der ein konkretes Schutzinteresse beträfe. Offensichtlich ist diese Form der Vertrauensverletzung aber die Folge jeglichen Normbruchs, so dass der Aspekt des Vertrauens in die Normgeltung – wie wir beim Begriff des Rechtsfriedens gesehen haben – außerhalb des Tatbestands steht. Somit bezeichnet die Normgeltung kein Rechtsgut, sondern einen (möglichen) Strafzweck, dem bereits unabhängig von sich abzeich-

---

77 Einige Kritikpunkte habe ich in meiner Besprechung der Arbeit von *Hefendehl* dargelegt, ZStW 116 (2004), S. 770 ff.

78 Wie hier *Teuber* (Fn. 36), S. 54; *Hefendehl* (Fn. 76), S. 80 f., 292; *Bloy*, Eser-FS, 2005, S. 244; krit. zur »Desavouierung der Normgeltung« als eigenständige Unrechtskategorie auch *Roxin*, ZStW 116 (2004), S. 929 ff.; *Wandres* (Fn. 11), S. 217; *Hörnle*, Tatproportionale Strafzumessung, 1999, S. 92.

79 Vgl. *Roxin*, Strafrecht AT I. 4. Aufl. (2006), § 3 Rn. 21 ff.; detailliert *Müller-Tuckfeld*, Integrationsprävention, 1998, S. 19 ff.; krit. *Kargl*, Kriminalsoziologische Bibliographie, 1990, 105 ff.; *ders.*, ARSP 82 (1996), 485 ff.; *ders.*, Rechtstheorie 1999, 371 ff.; *Frisch*, in: Schünemann/von Hirsch/Jareborg (Hrsg.), Positive Generalprävention, 1998, S. 134.

nenden Freiheitsverletzungen ein handfester gesellschaftlicher Zweck zugeschrieben wird[80].

Problematisch ist der straftheoretisch inspirierte Vertrauenstatbestand aber noch aus zwei weiteren Gründen. Zum einen lässt die Tatsache der Erwartungsenttäuschung[81] keine Rückschlüsse auf die Legitimität des geschützten Rechtsguts zu. Warum man darauf vertrauen können soll, nicht bedroht zu werden und welches Rechtsgut durch eine Bedrohung verletzt werden könnte, bleibt bei dieser Interpretation völlig offen. Das Bestehen und die Zerstörung von Vertrauen setzen die Existenz der Norm voraus. Deshalb kann keine Rede davon sein, dass Vertrauen für sich genommen ein eigenständiges Gebiet des Strafrechts zu begründen vermag; normtheoretisch hat das Faktum des Vertrauens keine Bedeutung[82]. Zum anderen stellt die Normgeltungstheorie die Existenz von Individualrechtsgütern überhaupt in Frage. Sofern die Garantie der Normgeltung zum Rechtsgutselement eines jeden Delikts erklärt wird, erfolgt zwangsläufig eine Verallgemeinerung von individuellen Interessen. Die Büchse der Pandora, die durch die personale Rechtsgutslehre mühsam geschlossen wurde, ist damit wieder offen.

b) Verletzungskausalität

Neben dem Angriff auf das Vertrauen in die Normgeltung bewirkt tatbestandsmäßiges Verhalten regelmäßig eine Verletzung oder Gefährdung des im Gesetz beschriebenen Tatobjekts. Ob man diesen konkreten

---

80 Zutr. *Schroeder*, Lackner-FS, 1987, S. 671; allg. dazu z.B. *Maurach/Schroeder/Maiwald* (Fn. 11), § 60 Rn. 9 f.; *Kindhäuser*, JR 1990, 522; *ders.*, in: Schünemann/González (Hrsg.), Bausteine des europäischen Wirtschaftsstrafrechts. Madrid-Symposium für Klaus Tiedemann, 1994, S. 125, 130.

81 Zur Terminologie »Erwartungssicherheit« und »Erwartungsenttäuschung« vgl. *Luhmann*, Vertrauen, 4. Aufl. (1999), S. 23 f.; vgl. auch *Jakobs* (Fn. 38), 2/2, wonach das Vertrauen in die Einhaltung des wesentlichen normativen Programms zum strafrechtlich schützenswerten Gut, zum Strafrechtsgut, erklärt wird.

82 Krit. zum soziologischen Vertrauenskonzept, das keine Kriterien für »berechtigtes« oder »schutzwürdiges« Vertrauen benennen könne, *Wittig*, Das tatbestandsmäßige Verhalten des Betrugs, 2005, S. 93; *Hörnle* (Fn. 37), S. 102 f.: In einem juristischen Kontext seien Aussagen zu sozialpsychologischen Zuständen »Leerformeln«, da sie zwangsläufig auf der persönlichen Bewertung eines als anstößig empfundenen Verhaltens beruhten.

Verhaltenseffekt als Primärschaden[83] bezeichnen soll, mag dahinstehen. Aber der gänzliche Verzicht auf dieses Erfordernis führt jedenfalls zum Pflichtverletzungsgedanken[84] zurück, der bekanntermaßen gesinnungsethischen Konzeptionen des Strafrechts und der Etablierung von Rechtsgütern der Allgemeinheit Vorschub leistet[85]. Will man solchen Entwicklungen entgegentreten, ergibt sich die Notwendigkeit, Tathandlung und Rechtsgut in einer Weise zu verknüpfen, die eine plausible Schätzung der Gefahrenwirkung erlaubt. Für diesen Zusammenhang hat *Herbert Jäger*[86] den von vielen aufgenommenen Topos der »realen Verletzungskausalität« geprägt und ihn gegen in der Luft schwebende Rechtsgutsbegriffe eingesetzt[87]. Nach dieser Auffassung erlangt das Prinzip des Rechtsgüterschutzes seine kritische Potenz erst dadurch, dass das Rechtsgut als ein verletzbarer Gegenstand konzipiert wird.

Überführt man das Erfordernis der Verletzungskausalität auf unsere Beispiele, so handelt es sich sowohl beim Vertrauen in den Schutz des kollektiven Ästhetikempfindens als auch beim Vertrauen auf das Sicher-

---

83 *Hefendehl* (Fn. 76), S. 35.

84 Zum Verbrechen als Pflichtverletzung vgl. *Schaffstein*, DStrR 1935, 97, 105; *ders.*, in: Karl Larenz (Hrsg.), Grundfragen der neuen Rechtswissenschaft, 1935, S. 108, 126 ff.

85 Im einzelnen zu den antiliberalen Tendenzen der Pflichtverletzungslehre *Marxen*, Der Kampf gegen das liberale Strafrecht, 1975, S. 182 ff.; *Amelung*, Rechtsgüterschutz und Schutz der Gesellschaft, 1972, S. 259; *ders.*, in: Jung/Müller-Dietz/Neumann (Hrsg.), Recht und Moral, 1991, S. 269, 275.

86 *Jäger*, Klug-FS, 1983, S. 83, 87; *ders.*, Strafgesetzgebung und Rechtsgüterschutz bei Sittlichkeitsdelikten, 1957, S. 17: »Die Analyse dieser Rechtsgüter (der Allgemeinheit, W. K.) ist ein fortwährender Kampf mit der Phrase«; dazu dass auch im Bereich der sog. »Makrokriminalität« nicht auf das Konzept der Verletzungskausalität und damit auf die individuelle Zurechnung verzichtet werden kann, vertiefend zuletzt *Jäger*, in: Neubacher/Klein (Hrsg.), Vom Recht der Macht zur Macht des Rechts?, 2006, S. 45 ff., 52 ff.

87 Zustimmend *Wohlers* (Fn. 18), S. 225; *Krüger* (Fn. 73), S. 125; *Voß* (Fn. 19), S. 143; ähnlich *Meyer*, Die Gefährlichkeitsdelikte, 1992, S. 91 ff. Wird der Zustand des »gestörten Vertrauens« nicht genau benannt, kann nicht festgelegt werden, welches Verhalten imstande ist, diesen Zustand herbeizuführen. Deshalb führt die Kategorisierung bestimmter Handlungen als Eignungsdelikte (vgl. *Hoyer*, [Fn. 11], S. 138; *Wehinger* [Fn. 11], S. 102) auch nicht aus dem Problemdschungel der konkreten Gefährdungsdelikte heraus; wie hier *Fischer*, NStZ 1988, 163; *Langer-Stein* (Fn. 42), S. 129.

heitsgefühl sowie auf das Pietätsgefühl schon von der Qualität des Gegenstandes her um besonders problematische Fallgruppen. Die Problematik ergibt sich nicht so sehr aus der alten Kontroverse, ob Gefühle legitimer Gegenstand strafrechtlichen Schutzes sein können[88]. In dieser Hinsicht soll nicht prinzipiell bestritten werden, dass Gefühle verletzbar sind und dass es Aufgabe des Strafrechts sein kann, Gefühlsverletzungen, durch welche die Autonomie des anderen in Frage gestellt wird, zu sanktionieren[89]. So geht es etwa beim Delikt des seelischen Quälens von Schutzbefohlenen (§ 225 Abs. 1 StGB) wohl kaum um ein flüchtiges und diffuses Phänomen, sondern um psychisch wirkungsmächtige Angriffe auf die emotionale Seite der Person[90]. Davon strikt zu unterscheiden ist jedoch der Schutz von Gefühlen, die der Allgemeinheit zugeschrieben werden. In diesem Bereich bewahrheiten sich die Befürchtungen, die man generell dem Gefühlsschutz nachsagt. Es stimmt: Das Rechtsgut versinkt in diffuser Beliebigkeit[91], es tendiert dazu, Ungehörigkeiten und Respektlosigkeiten zu kriminellem Unrecht zu erklären[92] und

---

88 Krit. zu den »Gefühlsschutztheorien«, die die sozialschädlichen Wirkungen im psychologischen statt im sozialen Bereich suchen: *Amelung* (Fn. 85, Rechtsgüterschutz), S. 346 f.; *Hefendehl* (Fn. 76), S. 34; zum »Scham- und Sittlichkeitsgefühl« als Rechtsgut des § 173 StGB vgl. *Graul*, Abstrakte Gefährdungsdelikte und Präsumtion im Strafrecht, 1991, S. 45; zum »Ehrgefühl« als empirisch-psychologische Seite des Schutzguts der Beleidigung entschieden krit. *Hirsch*, Ehre und Beleidigung, 1967, S. 14, 19 ff.; *Kargl*, E.A. Wolff-FS, 1998, S. 212 f.; *Hassemer* (Fn. 42), S. 237 f.; *Fischer*, GA 1989, 458.

89 In diesem Sinne auch *Bloy*, Eser-FS, 2005, S. 238 ff.; mit Bezug auf die Ehre *Wolfslast*, Psychotherapie in den Grenzen des Rechts, 1985, S. 33; *Forkel*, Krause-FS, 1990, S. 307; *Wellbrock*, Persönlichkeitsschutz und Kommunikationsfreiheit, 1982, S. 42; *E.A. Wolff*, ZStW 81 (1969), S. 900.

90 Vgl. *BGH*, NJW 1954, 1942; *RG*, DR 1945, 22; *BGHSt* 41, 113; *BGH*, NStZ 2004, 94.

91 So *Herzog* (Fn. 72), S. 117, 139; vgl. auch *Zaczyk*, in: Lüderssen/Nestler-Tremel/Wiegend (Hrsg.), Modernes Strafrecht und ultima-ratio-Prinzip, 1990, S. 113, 126; nach *Wohlers* (Fn. 18), S. 269 f. sowie *Stratenwerth*, Lenckner-FS, 1998, S. 386 beruht Vertrauen auf der Wahrnehmung der Sicherheitslage und ist deshalb nicht mit dem objektiven Zustand identisch. Eine subjektive, oft verzerrte Spiegelung der bestehenden Zustände rechtfertige aber kein strafrechtliches Eingreifen; ebenso *Hörnle* (Fn. 37), S. 104.

92 Vgl. dazu *Andrew von Hirsch*, Eser-FS, 2005, S. 195 ff. mit Blick auf das »aufdringliche Verhalten in der Öffentlichkeit«, auf »störende Verhaltensweisen« sowie auf »exhibitionistisches Verhalten«; siehe auch *Jakobs*, ZStW 107 (1995), S. 856: »Zerdehnung ins Großflächige«; *Weigend*, Triffterer-FS, 1996, S. 695.

begünstigt einen anti-aufklärerischen moralischen Konservatismus[93]. All dies zählt sicher zu den beunruhigenden Wirkungen des Topos vom Lebensgefühl, das (angeblich) durch Graffitis, durch Nachstellungen und durch die Störung der Totenruhe beeinträchtigt wird.

c) *Opfermarginalisierung*

Eine weitere Konsequenz der Kollektivierung von Gefühlen ist nicht weniger folgenreich. Obwohl gerade beim Schutz von Empfindungen die personale Dimension im Vordergrund zu stehen scheint, schlägt die autoritative Attribuierung von Gefühlen ins Gegenteil um: Gefühle werden entsubjektiviert und dadurch zur Waffe gegen den konkret Betroffenen[94]. Geschützt wird nun nicht mehr der individuelle Rechtsgutsträger, sondern ein gattungsmäßig bestimmtes Phantom: beim Graffititatbestand das Ästhetikgefühl der Allgemeinheit[95]; beim Entwurf eines Stalkinggesetzes das allgemeine Gefühl der Normgeltung[96]; beim »Beschimpfenden Unfug« in § 168 Abs. 1 StGB das Pietätsgefühl der Menschheit[97]. *Ulfrid Neumann*[98] hat am Beispiel des Lebensschutzes eindringlich dargelegt, dass sich die Totalisierung der Menschenwürde vehement gegen die Interessen des Rechtsgutsträgers zu wenden vermag. Im Konflikt mit dem Einzelwillen obsiegt dann nicht selten der Gedanke des Gesellschaftsnützlichen[99], eine Bestimmung, die sich von

---

93 Vgl. *Hassemer* (Fn. 42), S. 19; *ders.*, ZStW 87 (1975), S. 145, 156; zu den staatstheoretischen Implikationen der Entsubjektivierung des strafrechtlichen Gefühlsschutzes vgl. *Maihofer*, Rechtsstaat und menschliche Würde, 1968, S. 45 m.w.N.

94 Zu derartigen Konstruktionen vgl. *Fischer*, GA 1989, 445, 461; *Graul* (Fn. 88), S. 45.

95 Siehe oben II 1.

96 Siehe oben II 2.

97 Siehe oben II 3.

98 *Neumann*, in: Jung u.a. (Hrsg.), Recht und Moral, 1991, S. 394 ff.; *ders.*, ARSP 84 (1998), 153 ff.; *Merkel*, in: Neumann/Schulz (Hrsg.), Verantwortung in Recht und Moral, ARSP-Beiheft 74 (2000), 173 ff.; ähnlich *Lagodny*, in: Michael Fischer (Hrsg.), Der Begriff der Menschenwürde, 2004, S. 71 ff. unter Verwendung des Konzepts der »eigenverantwortlichen Rechtsfindungsleistung«; dazu auch *Heine*, Die strafrechtliche Verantwortlichkeit von Unternehmen, 1995, S. 27 ff.

99 Zum Gesellschaftsutilitarismus als wankelmütigem Interesse bezüglich Behinderter, Alter oder Gebrechlicher vgl. *Arthur Kaufmann*, MedR 1983, 144 f.; *Jakobs*,

der Person ablöst und der Allgemeinheit einen positiven Eigenwert zuerkennt, den es auch gegen die Interessen ihrer Mitglieder zu erhalten gilt[100]. So soll nach *Hösle*[101] aus dem ideellen Wert der Menschenwürde die Pflicht zur Erhaltung der leiblichen Unversehrtheit folgen. Er spricht von »Selbstaufgabe« des Personseins, wenn sich der Einzelne zum »Verfügungsobjekt« des anderen mache. Aber zum Objekt eines anderen wird nur derjenige, der sich nicht nach eigenen Vorstellungen selbst bestimmen kann, weil er gegen seinen Willen einer besonders demütigenden und erniedrigenden Behandlung unterworfen wird[102]. Zur Freiheit der Selbstbestimmung zählt auch die Möglichkeit des Missbrauchs, so dass die freiwillige Teilnahme an einer erniedrigenden Behandlung zwar als moralische Frage diskussionswürdig ist, aber die Subjektstellung unberührt lässt. Als Rechtspflicht kommt demnach ein Gebot, das die Behauptung der eigenen Würde vorschreibt, nicht in Betracht[103]. Rechtsverletzungen setzen immer die fehlende Zustimmung des Geschädigten voraus.

Strafgerechtigkeit. Festschrift für Arthur Kaufmann zum 70. Geburtstag, 1993, S. 459 ff.; *Enderlein*, Rechtspaternalismus und Vertragsrecht, 1996, S. 19 ff.

100 Wie hier *Mosbacher*, Strafrecht und Selbstschädigung, 2001, S. 178; *Niedermair*, Körperverletzung mit Einwilligung und die guten Sitten, 1999, S. 125 ff.; *Hillgruber*, Der Schutz des Menschen vor sich selbst, 1992; grundlegend nach Maßgabe des kategorischen Imperativs und dessen Bedeutsamkeit für die rechtliche Verbindlichkeit der Opferentscheidung *Murmann*, Die Selbstverantwortung des Opfers im Strafrecht, 2005, S. 159 ff., 193 ff.; *Schwabe*, JZ 1998, 66 ff.; instruktiv zum BtMG *Nestler-Tremel*, StV 1992, 276; krit. zur Operationalisierung des Begriffs der Menschenwürde auch *Hoerster*, Ethik des Embryonenschutzes, 2002, S. 18 ff.; *ders.*, JuS 1983, 94 ff.; *Poscher*, JZ 2004, 756 ff.

101 *Hösle*, in: *ders.* (Hrsg.), Die Rechtsphilosophie des deutschen Idealismus, 1989, S. 50; ähnlich *Kunig*, in: v.Münch/Kunig, Grundgesetzkommentar, Bd. 1, 5. Aufl. (2000), Art. 1 Rn. 36; *Wilms/Jäger* ZRP 1988, 44.

102 Anders die Konkretisierung der Objektformel im Peepshow-Urteil des Bundesverwaltungsgerichts (BVerwGE 64, 274); dazu krit. *Höfling*, NJW 1983, 1582 ff.; *Klimpel*, Bevormundung oder Freiheitsschutz, 2003, S. 230 f.; *Schittek*, Bay.VBl. 1990, 138; *Schroeder*, ZStW 106 (1994), S. 571; *Hoerster*, Sterbehilfe im säkularen Staat, 1998, S. 14 f.

103 Aus diesem Grunde stehen die geltenden Vorschriften der §§ 216, 228 StGB mit der hier vertretenen liberalen Konzeption des Strafrechts nicht in Einklang; vgl. dazu eingehender *Kargl*, JZ 2002, 394 ff., 399; *ders.*, Aktive Sterbehilfe im Zugriff der volkspädagogischen Deutung des § 216 StGB, in: Institut für Kriminalwissenschaften und

Die Gegenposition – wozu die Rechtfertigung der Transformation von Individualinteressen in Vertrauensschutzgüter gehört – verwischt also nicht nur die Grenze zwischen Moral und Recht, sondern bestraft auch noch die Falschen: den behaupteten Verstoß gegen Kollektivgefühle hat – im Falle der Einwilligung – nicht der Täter, sondern der »Verletzte« zu verantworten. Im Bereich des Gefühlsschutzes untergräbt dieser Mechanismus auch unabdingbare Erfordernisse der Zurechnung. Zu den Zurechnungsessentialia gehört, dass sich der Täter bewusst ist, einen Normverstoß zu begehen. An diesem Wissen bestehen erhebliche Zweifel, wenn man den eigentlich unsichtbaren Schutzgegenstand durch Generalisierung noch weiter verdünnt. Wer unter Voraussetzungen, die in der Strafrechtswissenschaft äußerst kontrovers diskutiert werden, Vorsatz zugrundelegt, der vollzieht am Täter nichts anderes als einen Dressurakt.

d) *Vorfeldschutz*

Mit der am Vertrauensgedanken orientierten Kollektivierung von Individualrechtsgütern geht eine extreme Vorverlagerung des Strafrechtsschutzes einher[104]. Das ist leicht einzusehen, wenn man im Auge behält, dass Verhaltensweisen pönalisiert werden, die gegen das allgemeine Vertrauen in den Schutz bestimmter (individueller oder kollektiver) Rechtsgüter verstoßen. Handelt es sich um Schutzobjekte wie das Eigentum, die körperliche Integrität oder die Willensentschließung, so sind diese gegen entsprechendes Angriffsverhalten durchaus nicht immun. Anders und schon erheblich problematischer sieht es aus, wenn als

---

Rechtsphilosophie (Hrsg.), Jenseits des rechtsstaatlichen Strafrechts, 2007, S. 379 ff. (Reihe: Frankfurter kriminalwissenschaftliche Studien, Bd. 100); mit unterschiedlichen Gründen ebenso *Sternberg-Lieben*, Die objektiven Schranken der Einwilligung, 1997, S. 136; *Schmitt*, Schröder-GS, 1978, S. 265; *Mosbacher* (Fn. 100), S. 189; *Niedermair* (Fn. 100), S. 257 ff.

104 *Wohlers* (Fn. 18), S. 286, der zwischen Kommunikationsdelikten, Vorbereitungsdelikten und konkreten Gefährlichkeitsdelikten unterscheidet; *ders.*, GA 2002, 17 ff.; *von Hirsch/Wohlers*, in: Hefendehl/von Hirsch/Wohlers (Hrsg.), Die Rechtsgutstheorie, 2003, S. 198 ff.; krit. zum Topos des Vorfeldschutzes *Hassemer*, ZRP 1992, 381; *ders.*, Produktverantwortung im modernen Strafrecht, 2. Aufl. (1996), S. 11; vgl. auch *Heine*, in: Jörg Arnold u.a. (Hrsg.), Grenzüberschreitungen: Beiträge zum 60. Geburtstag von Albin Eser, 1995, S. 51, 53; *P.-A. Albrecht*, NJ 1994, 193 ff.

Schutzinteresse das subjektive Gefühl der Sicherheit etc. bestimmt wird. In diesem Fall lässt sich aber immerhin noch die Existenz von verletzbaren Rechtsgütern plausibel machen. Davon kann indes beim Angriffsgegenstand des Kollektivvertrauens keine Rede mehr sein: Weder durch Einzelhandlungen noch durch deren Anhäufung lassen sich Wirkungen erzeugen, die eine Verletzung oder abstrakte Gefährdung des Rechtsguts in den Bereich des Möglichen rücken.[105] Der Strafrechtsschutz der Vertrauenstatbestände setzt früher ein: Er will die Ausbreitung »sozialschädlichen« Verhaltens schon im Keim bekämpfen, indem er farblose, unrechtsspezifisch neutrale Handlungen als solche unter Strafe stellt. Auf diese Weise versteht sich Strafrecht als Instrument der Zukunftssicherung und nicht als schärfste Antwort der Gemeinschaft auf schweres Unrecht. Und es fügt sich nahtlos in das herrschende Präventionsparadigma[106] des modernen Strafrechts ein.

2. Vertrauen als Komponente der Kollektivrechtsgüter

a) Systemvertrauen

Den bisherigen Überlegungen zufolge scheiterte die Lehre von den Vertrauensschutzgütern entweder daran, dass sie die straftheoretische Konzeption der Normstabilisierung zum Rechtsgut erhob, oder daran,

---

105 Vgl. dazu *Wolfgang Beck* (Fn. 67), S. 21; SK-*Rudolphi*, vor § 1 Rn. 11a; in diesem Bereich kommen deshalb auch nicht die von *Hörnle* (Fn. 37), S. 184 ff. entwickelten Kriterien einer Zurechnung straftatenfördernder Vorbereitungshandlungen in Betracht: z.B. die Erkennbarkeit möglichen nachahmenden Verhaltens, das Vertrauen auf normgemäßes Verhalten Dritter oder das Ausmaß der zu erwartenden Verletzungen; zu dieser sog. typologischen Herangehensweise, die einer generellen Verneinung der Zurechnung möglicher späterer Schädigung entgegentritt, vgl. auch *Schumann*, Strafrechtliches Handlungsunrecht und das Prinzip der Selbstverantwortung der Anderen, 1986, S. 6 ff.; *Frisch*, Tatbestandsmäßiges Verhalten und Zurechnung des Erfolgs, 1988, S. 291 f.; *Schünemann*, GA 1999, 225; *Weigend*, Nishihara-FS, 1998, S. 204 ff.

106 Vgl. *Hassemer*, Schlüchter-GS, 2002, S. 148: »Prävention ist Banner unserer heutigen Zeit«; krit. z.B. auch *Hirsch*, Lüderssen-FS, 2002, S. 260; *Kappeler*, NK 2000, 23; *Kühne*, DRiZ 2002, 18; *Walter*, Kaiser-FS, 1998, S. 999; *Amelung*, ZStW 92 (1980), S. 60 spricht in diesem Zusammenhang von »Krisengesetzen«, die mit »Affekthandlungen« gleichzusetzen seien.

dass sie die Vertrauensverletzung nicht als Primärschaden ausweisen konnte. Von diesem Befund soll allerdings eine Deliktsgruppe ausgenommen sein, bei der sich die Rechtsgüter überhaupt erst über das Vertrauen konstituieren und die es im Falle fehlenden Vertrauens gar nicht gäbe[107]. Gemeint sind Institutionen oder Medien, deren Funktionsfähigkeit auf Interaktion mit der Allgemeinheit und damit auf die Ressource Vertrauen angewiesen sind. Neben dem Tauschmedium »Geld«[108] und dem System »Rechtspflege«[109] gilt vor allem die staatliche Verwaltung[110] als Paradebeispiel für eine Institution, zu deren Bestandsvoraussetzungen das Vertrauen der Allgemeinheit zählt.

Die Kombination aus Institution und Vertrauen hat zur logischen Folge, dass das Umschlagen des ursprünglich vorhandenen Vertrauens in Misstrauen stets eine wesentliche Komponente des Rechtsguts zerstört[111]. Zu der Frage, wann die kritische Situation des Umschlagens eintritt, führt der *BGH*[112] in der Kremendahl-Entscheidung aus: »Das Vertrauen der Öffentlichkeit wird schon erschüttert, wenn auch nur der Anschein der Käuflichkeit für pflichtwidrige Handlungen erzeugt wird.« Damit scheint der *BGH* auf dem Standpunkt zu stehen, dass die jeweilige Einzeltat geeignet ist, das Schutzgut wenn nicht zu verletzen, so doch

---

107 Vgl. *Hefendehl* (Fn. 76), S. 124 ff.; in diesem Sinne auch *Giddens*, Risiko, Vertrauen und Reflexivität, in: Beck/Giddens/Lash (Hrsg.), Reflexive Modernisierung, 1996, S. 316, 319; *Sztompka*, Vertrauen, in: Nedelmann (Hrsg.), Politische Institutionen im Wandel, 1995, S. 254 f.; Überblick zum Vertrauen als Grundlage des sozialen Zusammenhalts bei *Hartmann/Offe* (Hrsg.), Vertrauen, 2001, sowie bei *Petermann*, Psychologie des Vertrauens, 1992.

108 *Ohlemacher/Mecklenburg*, Barth-FS, 1996, S. 111 f.

109 Vgl. *Hardtung*, Erlaubte Vorteilsannahme – § 331 StGB, 70 BBG, 10 BAT, 1994, S. 47: Vertrauensverlust in der Bevölkerung als äußere, abstrakte Gefahr; vgl. auch *Luhmann*, Funktionen und Folgen formaler Organisationen, 4. Aufl. (1995), S. 111, 238: Der Schwund des Vertrauens kann entweder die Eigensteuerung des Systems oder die Bereitschaft der Systemwelt zur Abnahme von Entscheidungen der Rechtspflege gefährden; hierzu auch *Loos*, Welzel-FS, 1974, S. 890.

110 In diesem Bereich wird das Vertrauen häufig über die Begriffe der Funktionsfähigkeit bzw. der Funktionsbedingung als Rechtsgutsbestandteil eingeführt; vgl. z.B. *Lackner/Kühl* (Fn. 47), § 331 Rn. 1; *Otto* (Fn. 11: Grundkurs), § 99 Rn. 1.

111 Vgl. *Hefendehl* (Fn. 76), S. 125: »Damit existiert dieses Rechtsgut schlicht nicht mehr«; hiergegen *Stächelin*, Strafgesetzgebung im Verfassungsstaat, 1998, S. 312, der diese Auffassung als »argumentative Krücke« bezeichnet.

112 *BGH*, NJW 2004, 3571; vgl. *LG Wuppertal*, NJW 2003, 1405 f. m.w.N.

zumindest konkret zu bedrohen. Hört man genauer hin, dann klingen im Umfeld dieses Zitats darüber hinaus Töne an, die aus der subjektiven Färbung des Vertrauensbegriffs eine allgemeine Rechtfertigung von Universalgütern ableiten wollen. Beide Versuche, das Vertrauensschutzgut dem klassischen Strafrecht anzudienen, gehen fehl.

b) Vergeistigtes Zwischenrechtsgut

Die Sichtweise von der »Erschütterung« des Vertrauens macht zweifellos Sinn in Bezug auf Einzelpersonen, die vom Verhalten des Vorteilsgebers oder des Vorteilsnehmers Kenntnis erlangen. Sie macht indes keinen empirisch greifbaren Sinn, sofern man vom Kollektivvertrauen als einer Konstitutionsbedingung des Staates spricht. Denn nach dieser Maßgabe müsste durch die Einzeltat nicht nur das Allgemeinvertrauen, sondern auch der Staat selbst verletzt, gefährdet oder erschüttert werden. Da eine solche Wirkung der einzelnen Vorteilsannahme unmöglich zugetraut werden kann, ist das Bemühen, über das Vertrauensmerkmal doch noch zu den höheren Weihen einer realen Verletzungskausalität zu gelangen, zum Scheitern verurteilt.

Die Herausforderung dieses Befunds lässt sich auch nicht mit dem im Zusammenhang mit den §§ 331 ff. StGB häufig verwendeten Terminus des »vergeistigten Zwischenrechtsguts« meistern. Da das »Endrechtsgut«, die Funktionsfähigkeit des Verwaltungsapparats, regelmäßig unberührt bleibe, sei die Vorverlagerung des Schwerpunkts auf das »Zwischenrechtsgut« des allgemeinen Vertrauensschutzes sinnvoll, um die Zuständigkeit des Täters für die Vermeidung bestimmter Gefahren zu verdeutlichen[113] und den heutigen komplizierten Wirtschaftsprozessen Rechnung zu tragen[114]. Als weiteres Beispiel führt *Jakobs*[115] die Vermögensdelikte an: Stelle man bei diesen nicht auf das Vermögen als Gut ab, sondern auf die im Vermögen verdinglichte Freiheit, so würden die Vermögensdelikte zu abstrakten Freiheitsgefährlichkeitsdelikten. Durch

---

113 *Schünemann*, JA 1975, 787 ff., 793; ihm folgend: *Saal*, Vortäuschen einer Straftat (§ 145d) als abstraktes Gefährdungsdelikt, 1997, S. 104 f.; *Wolter*, Objektive und personale Zurechnung von Verhalten, Gefahr und Verletzung in einem funktionalen Strafsystem, 1981, S. 328 f.; *Gribl*, Der Vorteilsbegriff bei den Bestechungsdelikten, 1992, S. 77.

114 *Krause*, Ordnungsgemäßes Wirtschaften, 1990, S. 177; *Tiedemann*, JuS 1989, 691.

115 *Jakobs* (Fn. 38), 6. Abschn. Rn. 88.

Erhöhung des Abstraktionsniveaus der Rechtsgüter soll dem Erfordernis der Verletzungskausalität Referenz erwiesen werden. Damit geht man von der Prämisse aus, dass sich der Inhalt eines Rechtsguts beliebig – also rein begrifflich – bestimmen lasse[116]. In der Konsequenz führt die freihändige Konstruktion von Zwischenrechtsgütern aber dazu, die den Normen zugrundeliegenden Interessen als »ideelle Gedankengebilde« zu interpretieren[117], auf deren Verletzbarkeit es gar nicht ankommt. Auch wenn Tatbestände keineswegs notwendig an körperliche Gegenstände anknüpfen müssen, so ist doch zu fordern, dass Rechtsgüter auf reale, durch Einzelhandlungen angreifbare Sachverhalte verweisen. Nur unter dieser Voraussetzung lässt sich das Dogma vom Strafrecht als Schutzrecht sichern und lassen sich Scheinrechtsgüter eliminieren[118]. Mit der Bezugnahme auf Zwischenrechtsgüter ist daher unter dem Gesichtspunkt der Begrenzung abstrakter Gefährdungstatbestände nichts gewonnen: Der Topos vom Vertrauen der Allgemeinheit ist so »vergeistigt«, dass er ins Bild sowohl einer stetigen Bedrohung als auch einer stetigen Sicherheit passt.

c) Kumulationseffekt

Für die Lehre vom Systemvertrauen besteht, wie gezeigt, ein Zentralproblem darin, die Effekte des Täterhandelns in einer sozialpsychologischen Fiktion verorten zu müssen. Zu dieser dünnen Festlegung des

---

116 *Jakobs* (Fn. 38), 6. Abschn. Rn. 88, Fn. 178; vor diesem Hintergrund ist die Schlussfolgerung plausibel, dass die Rechtsgutskonzeption beliebigen Vorverlagerungen des Strafrechtsschutzes nicht entgegenstehe; vgl. *Jakobs*, ZStW 97 (1985), S. 752 f.; vgl. zur Kritik *Hefendehl* (Fn. 76), S. 175 ff., 178.

117 Zum Schutzgut als »ideellem Wert« vgl. *Knorz*, Der Unrechtsgehalt des § 261 StGB, 1996, S. 150; *Sax*, JZ 1976, 432; krit. dazu *Kargl*, ARSP 82 (1996), 485 ff. sowie *ders.*, in: Institut für Kriminalwissenschaften Frankfurt am Main (Hrsg.), Vom unmöglichen Zustand des Strafrechts, 1995, S. 53 ff.; vgl. auch *Beck*, Unrechtsbegründung und Vorfeldkriminalisierung, 1992, S. 85; *Appel*, KritV 1999, 288 ff.; *Amelung*, in: Hefendehl/von Hirsch/Wohlers (Hrsg.), Die Rechtsgutstheorie, 2003, S. 155; *Wohlers* (Fn. 18), S. 218.

118 Vgl. *Herzog* (Fn. 11), S. 34, der die Konstruktion von Zwischenrechtsgütern als »Flucht vor notwendigen argumentativen Vermittlungsleistungen in eine recht unbestimmte Ortsangabe des Problems« bezeichnet. Zum Scheinrechtsgut »öffentlicher Friede« *Fischer*, NStZ 1988, 162; *Wehinger* (Fn. 11), S. 75; *Junge* (Fn. 36), S. 30 ff.

Erfolgsunrechts gesellt sich das nicht minder große Problem, das Aktunrecht unter der Voraussetzung zu bestimmen, dass die Einzelhandlungen – je für sich genommen – als ungefährlich gelten. Wie kann man in einer solchen Situation »die Zuständigkeit des Täters für die Vermeidung bestimmter Gefahren«, also seine Verantwortlichkeit postulieren? Diese weitere Schwachstelle der vertrauensorientierten Rechtsgutslehren suchen einige Autoren[119] mit Hilfe des Kumulationsgedankens zu überbrücken. Danach bestehe das rechtfertigende Element bei der Konstituierung kollektiver Rechtsgüter nicht in der Gefährdungsintensität der einzelnen Tathandlungen, sondern in deren Vervielfältigung. Erst durch die Massenverstöße verwirkliche sich die Gefahr für das Rechtsgut, so dass die Kumulation als das materielle Äquivalent für das Fehlen der realen Störung geschützter Funktionen aufgefasst werden könne[120]. Im Rahmen der Vorteilsannahme bzw. -gewährung wird hervorgehoben, dass durch häufiges Auftreten von Bestechungsfällen das Funktionieren der Verwaltung zwar nicht relevant und messbar beeinträchtigt werde, aber durch dauerhafte Verstöße könne zumindest die Einstellung der Bevölkerung im Hinblick auf die Sachlichkeit der Entscheidung beeinflusst werden.

Dem naheliegenden Vorwurf, dass der Kumulationsgedanke auf eine Haftung für das Unrecht Dritter hinauslaufe und insofern mit dem Schuldgrundsatz kollidiere[121], hält *Hefendehl*[122] den Einwand entgegen, dass er auf halber Strecke stehen bleibe, weil er nahezu alle kollektiven Rechtsgüter umfasse. Stehe fest, dass der Verhaltensnormverstoß einer hinreichend großen Zahl von Adressaten das Rechtsgut verletzt, so sei die Verteidigung des einzelnen unzulässig, sein Beitrag sei rechtsgutsir-

---

119 Vgl. *Loos*, Welzel-FS, 1974, S. 891 f.; *Saal* (Fn. 113), S. 96; *Schnitthelm*, GA 1983, 320; *Schünemann*, JA 1975, 787 ff., 798; *Ronzani*, Erfolg und individuelle Zurechnung im Umweltstrafrecht, 1992, S. 60 f.; *Wohlers*, GA 2002, 17 ff.; *von Hirsch/Wohlers*, in: Hefendehl/von Hirsch/Wohlers (Hrsg.), Die Rechtsgutstheorie, 2003, S. 198 ff.

120 Insb. *Hefendehl* (Fn. 76), S. 183; instruktiv hierzu *Kuhlen*, GA 1986, 399; *Frisch*, Verwaltungsakzessorietät und Tatbestandsverständnis im Umweltstrafrecht, 1993, S. 141; *Tiedemann*, Wirtschaftsstrafrecht und Wirtschaftskriminalität 1, AT, 1976, S. 85; *Feinberg*, The Moral Limits of the Criminal Law, Bd. 4, Harmless Wrongdoing, 1988, S. 206 f.; *Last*, Die Staatsverunglimpfungsdelikte: §§ 90–90b, 2000, S. 131 f.

121 Dahingehende Zweifel formuliert z. B. *Herzog* (Fn. 11), S. 34 f.

122 *Hefendehl* (Fn. 76), S. 190 f.

relevant[123]. Denn es sei kein Grund ersichtlich, warum die Rechtsordnung eben diesen einen Normadressaten vor anderen bevorzugen soll: unter moralphilosophischen Gründen nicht, da der Täter primär aus egoistischen Motiven handele[124]; unter rechtstheoretischen Gründen nicht, da der Täter um den Vervielfältigungseffekt, der in der Vertrauenseinbuße besteht, wisse.

Es ist hier nicht der Ort, ausführlich auf diese Strafbegründung der einzelnen Kumulationsbeiträge einzugehen. Doch schon auf den ersten Blick fällt es schwer, aus dem Egoismus des Einzelnen, der keine Besonderheit des Vertrauensschutzrechts darstellt, einen Handlungs- und Gesinnungsunwert abzuleiten, der die moralische Disqualifizierung durch die öffentliche Strafe erforderlich macht[125]. Schließlich ist auch nicht einzusehen, warum das Wissen um andere gleichgeartete Straftaten – wiederum keine herausgehobene Qualität der Bestechungstatbestände – als eigenständige Deliktsnatur in Rechnung gestellt werden sollte[126].

Wie man dazu auch immer stehen mag, sicher ist, dass der Kumulationsgedanke jedenfalls keine Verletzungsdelikte und keine konkreten Gefährdungsdelikte zu kreieren vermag. Ob man die Vorteilsannahme als Einzeltat oder summiert als Massenphänomen denkt, in beiden Fällen kann das kollektive Vertrauen wohl kaum als zerrüttet oder gar als zerstört gedacht werden, da andernfalls – wie gesagt – der Tod des Systems festgestellt werden müsste. Selbst die Vorstellung, das System könne durch Angriffe auf das Kollektivgut »Vertrauen« abstrakt gefähr-

---

123 Vgl. *Kuhlen*, ZStW 105 (1993), S. 697 ff., 721; zur Rechtfertigung unter dem Gesichtspunkt des Fairnessprinzips vgl. *Wohlers* (Fn. 18), S. 319 ff.; *Hörnle* (Fn. 37), S. 182 f.; *Feinberg* (Fn. 120), S. 206; krit. zum Differenzierungspotential der großen Zahl *Samson*, ZStW 99 (1987), S. 634 ff.; *Rogall*, Festschrift der Rechtswissenschaftlichen Fakultät zur 600-Jahr-Feier der Universität zu Köln, 1988, S. 520; *Daxenberger*, Kumulationseffekte: Grenzen der Erfolgszurechnung im Umweltstrafrecht, 1997, S. 65; generell ablehnend zum Kumulationsdelikt *Zieschang*, Die Gefährdungsdelikte, 1998, S. 340 ff.

124 *Hefendehl* (Fn. 76), S. 322.

125 *Vitt*, ZStW 105 (1993), S. 810 kritisiert, dass auf diesem Wege jedenfalls im Grundsatz die Sanktionsbewehrung jeglichen Verhaltensverbots »legitimiert« werden könnte; vgl. auch *Perron*, ZStW 99 (1987), S. 663 sowie *meine* Besprechung der Habilitationsschrift von *Hefendehl*, ZStW 116 (2004), S. 772, 775.

126 Dazu im Zusammenhang mit der Vorteilsannahme *Kargl*, JZ 2005, 511.

det werden, bereitet unter dem Gesichtspunkt realistischer Prognosen erhebliche Schwierigkeiten. Letztlich beschreiben die zentralen Erwägungen des Egoismus und der Vervielfältigungskenntnis also bloß die kriminalpolitische Motivation der Autoren[127]. Eine Legitimität der betreffenden Regelungen lässt sich mit rein funktionalistischen Argumenten nicht herleiten. Aber vielleicht handelt es sich beim Begriff des Vertrauensrechtsguts entgegen den Verlautbarungen seiner Anhänger auch gar nicht um eine deskriptive Aussage, sondern – wie etwa beim Schuldprinzip – um eine nützliche Fiktion, die auf normativer Ebene ausgleichen soll, was sie in empirischer Hinsicht schuldig bleibt.

d) *Personalisierung*

Bei der Rechtfertigung der Universalrechtsgüter bewegt sich die Vertrauensschutzkonzeption auf der Linie der Verfassung, wonach der Staat und seine Institutionen nicht mehr als Selbstzweck zu begreifen sind[128]. Im Strafrecht war es bekanntlich *Hassemers* personale Rechtsgutslehre, die den Rückbezug staatlicher Funktionseinheiten auf das Individuum gefordert und damit die Rechtsgutsdebatte maßgeblich beeinflusst hat[129]. Dass er dabei – im Unterschied zu anderen Autoren[130] – nicht dafür

---

127 *Wohlers* (Fn. 76), S. 319.

128 *Hefendehl* (Fn. 76), S. 59 ff. im Anschluss an *Stratenwerth*, Lenckner-FS, 1998, S. 377, 390; *Maihofer* (Fn. 93), S. 9; *Marx*, Zur Definition des Begriffs »Rechtsgut«, 1972, S. 32; *Worms*, Die Bekenntnisbeschimpfung im Sinne des § 166 Abs. 1 StGB und die Lehre vom Rechtsgut, 1984, S. 58; zum Verhältnis von Aufklärungsphilosophie und strafrechtlicher Gesetzgebung ferner *Hassemer* (Fn. 42), S. 27 ff.; zuletzt *Avrigeanu*, Ambivalenz und Einheit. Eine Untersuchung zur strafrechtswissenschaftlichen Grundlagendiskussion der Gegenwart anhand ihrer Bezüge zu Kants Philosophie, 2006, S. 147 ff.

129 *Hassemer*, Kaufmann-FS, (Fn. 10), S. 85 ff.; *ders.* (Fn. 88), S. 27 ff.; *ders.*, NK-StGB, 1. Aufl., vor § 1 Rn. 261.

130 Vgl. *Hohmann*, (Fn. 72), S. 189, der von einem Ableitungsverhältnis spricht, welches wiederum eine Hierarchie begründe; in gleicher Weise wohl *Marx* (Fn. 128), S. 79 ff.; vgl. auch – wenngleich abgeschwächt – den Alternativ-Entwurf eines Strafgesetzbuches, BT-Straftaten gegen die Person, 2. Halbbd., 1971, S. 49; krit. zur monistisch-personalen Rechtsgutskonzeption *Müller-Tuckfeld*, in: Institut für Kriminalwissenschaften Frankfurt am Main (Hrsg.), Vom unmöglichen Zustand des Strafrechts, 1995, S. 461, 463; *ders.*, KritV 1995, S. 83 f: Gegen Umweltschutz mit den

eintrat, die kollektiven Rechtsgüter unmittelbar aus den individuellen deduzieren zu müssen[131], macht sich die Vertrauensschutzlehre auf eigenwillige Art zu nutze. Sie will – wie bereits dargelegt - durch Vorschaltung der Vertrauenskategorie die personale Dimension des Rechtsguts für den Fall retten, dass dem »Endrechtsgut«, also dem Bezugsobjekt des Vertrauens, diese Qualität abgeht. Nirgendwo lässt sich diese Intention, aber auch die Vergeblichkeit der Anstrengung besser veranschaulichen als am Beispiel der Bestechungsdelikte.

Auf die Frage, worin bei der Vorteilsannahme und -gewährung die personale Ausgestaltung bestehe, gibt *Hefendehl* den Hinweis, dass sich das Vertrauen der Bürger gegenüber den Amtsträgern insofern als handlungsleitend erweise, als es den individuellen Handlungsspielraum des Einzelnen erweitere bzw. bewahre[132]. Damit scheint er den in der Soziologie *Luhmanns*[133] ausgearbeiteten Begriff von Vertrauen zu rekapitulieren, demzufolge Vertrauen dem Koordinationsbedarf einer unübersichtlichen Sozialordnung entspringe und die Funktion habe, gesellschaftliche Komplexität zu reduzieren. Vertrauen – so heißt es bei *Luhmann*[134] weiter – werde mit Hilfe eines grob vereinfachten Gerüsts von Indizien kontrolliert und diene somit der individuellen Selbstsicher-

---

Mitteln des Strafrechts werde von den Vertretern einer personalen Rechtsgutslehre keineswegs naturalistisch, sondern unter Verweis auf gesellschaftsinterne Selbstbeschreibungen in Gestalt der Prinzipien eines liberalen rechtsstaatlichen Strafrechts argumentiert; vgl. auch LK-*Steindorf*, StGB, 11. Aufl. (1997), vor § 324 Rn. 14.

131 *Hassemer* (Fn. 10; Kaufmann-FS), S. 91: »Auch er (scil. der personale Rechtsgutsbegriff) ist freilich nicht so voraussetzungsvoll, daß sich kriminalpolitische Entscheidungen über die Strafwürdigkeit aus ihm deduzieren ließen.« Siehe zur beschränkten Reichweite der Rechtsgutslehre und damit ihrer systematischen Funktion ferner *Seher*, in: Hefendehl/von Hirsch/Wohlers (Hrsg.), Die Rechtsgutstheorie, 2003, S. 56; *Schünemann*, in: Hefendehl/von Hirsch/Wohlers (Hrsg.), S. 137; vgl. auch *Roxin*, AT/I, 4. Aufl. (2006), § 2 Rn. 16: Aus einer Definition des Rechtsgutsbegriffs ließen sich »keine fertigen Ergebnisse« ableiten; *Stratenwerth/Kuhlen*, AT, 5. Aufl. (2004), § 2 Rn. 7 ff.; *Schulz*, in: Lüderssen (Hrsg.), Aufgeklärte Kriminalpolitik oder Kampf gegen das Böse?, Bd. 1, 1998, S. 221.

132 *Hefendehl* (Fn. 76), S. 124.

133 *Luhmann*, Vertrauen: ein Mechanismus der Reduktion sozialer Komplexität, 4. Aufl. (2000), S. 23 f.

134 *Luhmann* (Fn. 133), S. 27 ff.; vgl. auch *ders.*, in: Hartmann/Offe (Hrsg.), Vertrauen, 2001, S. 143 ff.; zum Vertrauen als eine Form des Umgangs mit Risiken vgl. auch *Amelung*, Eser-FS, 2005, S. 8.

heit[135]. Bei genauerem Zusehen verblasst jedoch dieses subjektivierende Moment, wenn man erfährt, dass die vertrauensbildenden Indizien aus einem Netzwerk symbolischer Implikationen bestehen sollen. Es bedarf also gar nicht des erfahrungsbildenden Bezugs zwischen den Einzelnen und den Akteuren staatlicher Ausführung, um Zuversicht auf das Funktionieren der Institutionen zu generieren[136]. Mit *Luhmanns* Vertrauensbegriff ist folglich kein personaler Sachverhalt, sondern eine soziale Tatsache beschrieben, die in der Summe die individuellen Vertrauensbeiträge weit übersteigt. Ob eine solche Sicht zutrifft oder nicht, es gilt Farbe zu bekennen: Akzeptiert man die Konstruktion eines »gemeinschaftlichen Vertrauensinteresses«, lässt sich das brüchig gewordene Band zwischen Institution und Individuum jedenfalls nicht mit Hilfe von (prinzipiell freilaufenden) Zwecksetzungen flicken. Andernfalls wäre niemand gehindert, die »Volksgesundheit«[137] oder den »Naturschutz« mit der körperlichen Unversehrtheit des Einzelnen gleichzusetzen. Der Versuch zur Vereinheitlichung löst sich – eklatant im Fall der Bestechungsdelikte – in zahlreiche Schauplätze der Deutung auf.

---

135 Mit dieser Funktionsbestimmung hat *Luhmann* selbst dem Missverständnis Vorschub geleistet, er hätte seinem Vertrauensbegriff ein personales Moment einverleibt. Davon ist *Luhmanns* Soziologie der Autopoiese, die von der operationalen Geschlossenheit sozialer Systeme ausgeht, weit entfernt; vgl. Darstellung und Kritik der subjektentleerten Soziologie bei *Kargl*, Handlung und Ordnung im Strafrecht, 1991, S. 256 ff.; *ders.*, Kommunikation kommuniziert?, Rechtstheorie 1990, S. 352 ff.; *ders.*, Kritik der rechtssoziologischen Autopoiese-Kritik, Zeitschrift für Rechtssoziologie 1991, S. 120 ff.

136 Zur Entstehung individuellen Vertrauens, das Erfahrungen mit konkreten Personen des eigenen Umfeldes voraussetze, sowie zum hohen Maß an Misstrauen und Argwohn gegenüber dem Volkssouverän, da es an Gelegenheiten zur Vertrauensbildung in unserer Demokratie mangele, vgl. *Offe*, in: Hartmann/Offe (Hrsg.), Vertrauen. Die Grundlage des sozialen Zusammenhalts, 2001, S. 241 ff., 262 ff.; vgl. *Endreß*, in: Hartmann/Offe (Hrsg.), Vertrauen, S. 161 ff., 175 f.

137 Krit. zum Rechtsgut der »Volksgesundheit« im Betäubungsmittelstrafrecht: *Nestler*, in: Institut für Kriminalwissenschaften Frankfurt am Main, Vom unmöglichen Zustand des Strafrechts, 1995, S. 65 ff.; *Köhler*, ZStW 104 (1992), S. 27 ff.; *Böllinger*, KJ 1991, 393 ff.; *Haffke*, ZStW 107 (1995), S. 761 ff.

IV. Konsequenzen für die Bestechungsdelikte

1. Strafrechtfertigung

a) Bestechung (§ 332 StGB)

Vergleicht man die Vorschriften der Vorteilsannahme (§ 331 StGB) und der Bestechlichkeit (§ 332 StGB), weisen die jeweiligen Tatbestandsgestaltungen einen fundamentalen Unterschied auf, der auf die Strafbegründungen durchschlägt[138]. Bei der Bestechlichkeit muss der Amtsträger als Gegenleistung für einen Vorteil seine Dienstpflichten verletzen. Dass die Schutzrichtung der Vorschrift das Interesse des einzelnen Bürgers in den Mittelpunkt stellt, ist unschwer erkennbar. Kann sich nämlich der Bürger nicht mehr auf das ordnungsgemäße Funktionieren des Verwaltungsapparates verlassen, weil die Entscheidungen der Amtsträger sachlich unrichtig, voreingenommen und damit unvorhersehbar sind, so verkehrt sich das Versprechen des Staates, die Freiheit des Einzelnen zu sichern, in sein Gegenteil[139]. Da zu den wichtigsten Rahmenbedingungen der individuellen Freiheit der Staat, das ordnungsgemäße Funktionieren der staatlichen Verwaltung und die Garantie der Neutralität und Unabhängigkeit der Gerichte gezählt werden können, greift pflichtwidriges staatliches Handeln in die Möglichkeitsbedingungen der durch das Grundgesetz garantierten Rechte des Einzelnen ein[140]. Von diesem Standpunkt aus dürfte es keine größeren Schwierigkeiten bereiten, sowohl die reale Verletzungskausalität eines nicht an den gesetzlichen Vorgaben orientierten Verwaltungshandelns als auch die

---

138 *Eb. Schmidt*, Die Bestechungsdelikte in der höchstrichterlichen Rechtsprechung von 1879 bis 1959, 1960, S. 149 spricht von »großem Qualitätsunterschied«.

139 Dazu, dass Kollektivinteressen sich danach bemessen lassen müssen, die Bedingungen freier menschlicher Entfaltung zu fördern, vgl. *Roxin*, JuS 1966, 381 f.; SK-*Rudolphi*, StGB, 6. Aufl. (1997), vor § 1 Rn. 1; *Heinrich*, Der Amtsträgerbegriff im Strafrecht, 2001, S. 264; *Zaczyk*, Das Strafrecht in der Rechtslehre J.G. Fichtes, 1981, S. 14 ff., 35 ff.; *Schwieger*, Der Vorteilsbegriff in den Bestechungsdelikten des StGB, 1996, S. 52 ff.; *Staechelin*, Strafgesetzgebung im Verfassungsstaat, 1998, S. 69 ff.; *ders.*, in: Klaus Lüderssen (Hrsg.), Aufgeklärte Kriminalpolitik oder Kampf gegen das Böse, Bd. 1, 1998, S. 250 ff.; *Woitkewitsch*, Strafrechtlicher Schutz des Täters vor sich selbst, 2002, S. 118 ff.

140 Ebenso *Hassemer*, ZRP 1992, 379; *Maihofer* (Fn. 93), S. 38.

Rückbezüglichkeit des Kollektivguts »Sachlichkeit der Entscheidungen« auf Individualinteressen festzustellen. Dies erklärt auch, warum das Vertrauensmerkmal bei der Bestechlichkeit keine Rolle spielt.

b) Vorteilsannahme (§ 331 StGB)

Anders sieht es hinsichtlich des Tatbestands der Vorteilsannahme aus, bei der die Gegenleistung in einer sachlich richtigen Entscheidung besteht. Dies bedeutet, dass weder eine »Verfälschung des Staatswillens«[141] noch eine Verletzung des »gesetzlichen Funktionierens der Staatsverwaltung«[142] verlangt wird, um den Tatbestand zu verwirklichen[143]. Dieser Unterschied wird häufig mit dem Hinweis überspielt, aus der Situation des Forderns oder des Annehmens von Geschenken könne ein »Hunger nach mehr Vorteilen« erwachsen, von wo aus der Schritt zur bezahlten Pflichtwidrigkeit nicht mehr groß sei[144]. Danach beginnt schon mit dem ersten Schritt ein Prozess der Selbstkorrumpierung, der den Keim der künftigen Bestechlichkeit in sich birgt. Aber das Argument schießt ein Eigentor, weil es aufdeckt, dass ein Handeln pönalisiert werden soll, das tief in das Vorbereitungsstadium zurückgeschoben wird oder das dieses Stadium noch nicht einmal erreicht hat, wenn dem Amtsträger die Intention fehlt, das unkorrekte Verhalten irgendwann einmal in eine Amtspflichtverletzung zu überführen. In beiden Fällen setzt der Amtsträger jedenfalls nicht dazu an, die im staatlichen Handeln vermittelten Rahmenbedingungen der Freiheit zu verletzen[145]. Will man

---

141 Dazu insb. *Bockelmann*, ZStW 72 (1960), S. 257; *Arthur Kaufmann*, JZ 1959, 376; *Klug*, JZ 1960, 725; *Henkel*, JZ 1960, 508.

142 *Geerds* (Fn. 55), S. 45, 51 f., 56.

143 Wenn aber die »Reinheit der Amtsführung« etc. nicht selbst Schutzgüter sind, dann muss auf die Wirkung abgestellt werden, die das Tathandeln in der Bevölkerung hervorruft. Insofern ist de lege lata nicht daran zu zweifeln, dass es sich bei § 261 StGB um einen Vertrauenstatbestand handelt; vgl. dazu ausführlich *Rüdiger*, Schutzinteresse und Deliktsstruktur der »Bestechungsdelikte« (§§ 331 ff. StGB), Diss. Frankfurt am Main, 2006, S. 118 ff.

144 *Dölling*, JuS 1981, 574; *Arthur Kaufmann*, JZ 1959, 377.

145 Aus diesem Grunde ist der kriminelle Charakter des § 331 StGB in der älteren Literatur vielfach angezweifelt worden; Näheres bei *Birkmeyer*, Vergleichende Darstellung des Deutschen und Ausländischen Strafrechts, Bes. Teil, Bd. IX, 1906, S. 329; *Binding* (Fn. 71), S. 731 sieht in § 331 StGB »weniger ein Gesetz gegen die

gleichwohl die Vorteilsannahme zu kriminellem Unrecht erheben, so bieten sich eigentlich nur zwei Optionen an: Entweder erklärt man die Staatstätigkeit zu einem eigenständigen, nicht über die Interessen von Personen vermittelten Rechtsgut[146] oder man sucht die Lücke zwischen dem Institutionenschutz und dem Personalinteresse durch die Vertrauenskategorie zu schließen.

2. Rechtfertigungsbarrieren

a) Gesetzlichkeit

Die erste Option scheitert – wie gesagt – schon an verfassungsrechtlichen Vorgaben. Demgegenüber wähnt sich die Vertrauensschutzlehre in einer besseren Position, weil Vertrauen Einzelindividuen als Vertrauende voraussetze und weil über diesen Brückenkopf zumindest mittelbar eine Verbindung zwischen kollektiven und individuellen Rechtsgütern herstellbar sei. In diesem Zusammenhang verweisen die Autoren[147] regelmäßig auf unseren Jubilar, der sich hinsichtlich einer monistisch-personalen Rechtsgutskonzeption zurückhaltend geäußert habe. Liest man jedoch bei *Hassemer* weiter, dann wird rasch deutlich, dass er sich als Vordenker und Gewährsmann der Vertrauensschutzlehre nicht eignet. Denn sowohl in der Festschrift für *Arthur Kaufmann*[148] als auch in der Einleitung zum Nomos-Kommentar[149] macht er eindringlich auf die besondere Legitimationsbedürftigkeit von Rechtsgütern aufmerksam, die der direkten Zuordnung von Personen entzogen seien. Die Erweiterung der Kriminalisierung im Vorfeld einer Rechtsgutsverletzung erfor-

---

Ausbeutung der Untertanen als ein Polizeigesetz im Interesse ordnungs- und gleichmäßiger Funktion der Staatsgewalt«.

146 Vgl. zum Primat der Gemeinschaftsinteressen mit unterschiedlichen Begründungen: *Honig*, Die Einwilligung des Verletzten – Teil I, 1919, S. 115; *Oetker*, ZStW 17 (1897), S. 493, 508; *Binding*, Die Normen und ihre Übertretung, Bd. 1, 1872, S. 358: »Das Rechtsgut ist stets Rechtsgut der Gesamtheit, mag es scheinbar noch so individuell sein. Im Gesamt-Interesse wird das Gefühl des Einzelnen, dessen Leben, dessen Ehre geschützt«; zum dualistischen Rechtsgutsbegriff vgl. *Weigend*, ZStW 98 (1986), S. 44 ff.; *ders.*, Triffterer-FS, 1996, S. 711.

147 *Hefendehl* (Fn. 76), S. 62 ff. m.w.N.

148 *Hassemer*, Arthur Kaufmann-FS, (Fn. 10), 1989, S. 85 ff.

149 NK-*Hassemer*, StGB, 1. Aufl., vor § 1 Rn. 289.

dere zumindest, dass der Anlass zum Rechtsgüterschutz besonders dringlich sei und vergleichsweise mild sanktioniert werden müsse. Je mehr Schritte erforderlich seien, um eine Strafdrohung mit einem menschlichen Interesse legitimierend zu vermitteln, desto vorsichtiger müsse man im Ob und Wie der Strafdrohung sein[150].

Mit diesem Votum *Hassemers* sind Rechtfertigungsbarrieren aufgestellt, die von den Vertretern der Vertrauensschutzkonzeption ignoriert werden. Was den besonders dringlichen Anlass betrifft, so muss man sich bei der Vorteilsannahme vergegenwärtigen, dass ein Amtsträger, der den Vorteil nicht mit einer pflichtwidrigen Diensthandlung »belohnt«, allenfalls den Anschein des Angriffs auf die Lauterkeit der Dienstausübung bietet. Sein Verhalten mag nach außen den Eindruck erwecken, als ob er eine unrichtige Entscheidung treffe. Aber warum soll ein falscher Eindruck mit der Waffe des Strafrechts bekämpft werden?[151] Die Frage ist umso dringlicher, als sie zu einer weiteren Forderung *Hassemers* führt, nämlich »das Wie« des Tatbestands vorsichtig zu gestalten. In dieser Hinsicht stellt § 331 Abs. 1 StGB ein Extrembeispiel an Unschärfe und Anwendungsbreite dar[152]. Nicht nur dass die gesetzliche Fassung nunmehr als Gegenleistung für den Vorteil eine Dienstausübung genügen lässt, die Auslegung am Maßstab des Vertrauensrechtsguts ermöglicht es, auf die bislang als notwendig erachtete Unrechtsvereinbarung weitgehend zu verzichten[153]. Nach der Logik des Vertrauensschutzes muss es ausreichen, wenn das Vertrauen der Rechtstreuen deshalb leidet, weil sie nicht wissen können, ob bei dem Angebot und dem Fordern von Vorteilen alles mit rechten Dingen zugeht. Damit ist der

150 Vgl. auch *Hassemer* (Fn. 88), S. 207 ff., 220.

151 *Ransiek*, StV 1996, 450.

152 Eingehend *Kargl*, ZStW 114 (2002), S. 783 f. hinsichtlich der Fragmentierung der Unrechtsvereinbarung, des Rückgriffs auf die Lehre von der Sozialadäquanz sowie der Unbeachtlichkeit des Fehlens einer Dienstausübung; *ders.*, JZ 2005, 509 ff.

153 Krit. dazu *Eb. Schmidt* (Fn. 138), S. 98 ff.; zur Schwierigkeit der Abgrenzung strafbarer Verhaltensweisen vgl. auch *Hettinger*, NJW 1996, 2269 ff.; *Zieschang*, Wissenschaftsrecht (WissR) 32 (1999), 123 ff.; *Lüderssen*, JZ 1997, 119; *Saliger/Sinner*, NJW 2005, 1076.

Pönalisierung nahezu jeder unkorrekten Verhaltensweise eines Amtsträgers Tür und Tor geöffnet[154].

Vor dem Hintergrund der Einsicht, dass § 331 StGB bloße Dienstvergehen erfasst, wird auch der von *Hassemer* eingeforderte mittelbare Bezug zu personalen Interessen verfehlt. Das Vertrauen der Allgemeinheit auf die Einhaltung interner Regelungen gehört gewiss nicht zu den Konstitutionsbedingungen der staatlichen Tätigkeit. Aus diesem Grunde rührt ein diesbezügliches Fehlverhalten auch nicht an den Bereich, den der Mensch zu seiner freien Selbstverwirklichung braucht. Wes Geistes Kind das Vertrauenspathos wirklich ist, kann man mit aller wünschenswerten Deutlichkeit aus dem Absatz 3 des § 331 StGB ersehen: der Gesetzgeber hat dort die Dispositionsbefugnis über das »Rechtsgut« der Vorteilsannahme den zuständigen Verwaltungsbehörden übertragen.[155] So mag es unter dem Gesichtspunkt der politischen Interessenlage opportun sein, die Annahme wertvoller diplomatischer Geschenke zu genehmigen, obwohl der Vertrauensschutzgedanke dabei völlig ins Hintertreffen gerät[156]. Wie es aber nach dem Opportunitätsprinzip so geht, mag auch immer das Gegenteil zweckmäßig sein. Deshalb ist bei dem Durcheinander, das die Genehmigungsmöglichkeit hinsichtlich ihrer Deliktsnatur[157] und ihrer Reichweite angerichtet hat, einzig gewiss, dass das Legalitätsprinzip im Bereich der Vertrauensschutzgüter keinen Bestand hat. Auf diese Weise bekämpft § 331 StGB den Anschein von Kriminalität mit dem Anschein von Strafverfolgung.

---

154 Zur Grenze zwischen Dienstvergehen und Amtsdelikten vgl. *Heinrich* (Fn. 139), S. 210 ff., 234 f.; dazu schon *Feuerbach,* Themis, oder Beiträge zur Gesetzgebung, Landshut 1812, S. 216.

155 Ausführlich zur Möglichkeit der reinen Zweckmäßigkeitsprüfung *Merges* (Fn. 71), 71, 81; *Hardtung,* Erlaubte Vorteilsannahme, 1994, S. 157 ff.

156 Vgl. die Entscheidung des *OVG Münster* (Urteil v. 18.10.1991, GA 2476/89), in der es um die Genehmigung der Zuwendung von Rolex-Uhren durch den Präsidenten der Vereinigten Arabischen Emirate an wachhabende Beamte ging.

157 Die amtliche Begründung hat die Frage der Rechtsnatur bewusst offengelassen, vgl. BT-Drucksache 7/550, S. 272; die Bandbreite reicht vom Tatbestandsausschluss (*Winkelbauer,* NStZ 1988, 202) über Rechtfertigung (*Geppert,* Jura 1981, 50; *Jutzi,* NStZ 1991, 105) bis zur Entschuldigung (Schönke/Schröder-*Cramer,* § 331 Rn. 53).

b) Strafzweck

Mehrfach ist bereits angeklungen, dass die Verfolgung der Anscheinskriminalität integraler Bestandteil einer Strafzwecklehre ist, die sich den Zusammenhalt der Gesellschaft auf die Fahne geschrieben hat. *Hassemer*[158] vertritt zwar ebenfalls einen an der positiven Generalprävention ausgerichteten Ansatz, aber seiner Auffassung zufolge gehört zur Behauptung und Sicherung der fundamentalen Normen der Gesellschaft auch die freiheitsermöglichende Seite der Formalisierung. Die Einübung von Verhaltensnormen werde nur dann gelingen, wenn die Merkmale kriminellen Verhaltens und die Regeln des Strafverfahrens möglichst genau positiviert würden[159]. Hinzukommen müsste die Bindung an materielle Wertprinzipien[160]. Dass sich die systemkritische Fundierung – wenn sie denn unter dem Dach der Generalprävention überhaupt gelingen kann[161] – den geschilderten Vertrauenstatbeständen gänzlich verschließt, liegt begrifflich auf der Hand: Vertrauen ist eine eher flüchtige als stabile Werterfahrung, die im gesellschaftlichen Status quo ausgebildet wird und daher notwendig affirmative Züge annimmt. Auf die Frage, worauf sich das Vertrauen beziehen soll, gibt der Schutzgegenstand »Vertrauen« keine Antwort. So hängt die der Strafe zugeschriebene Aufgabe der Kommunikation von Vertrauen von strafexternen Rücksichtnahmen ab, die mit wechselnden Anforderungen an die psychische Stabilisierung der Bevölkerung verbunden sind. Selbstbeschränkung, Formalisierung und gerechte Reziprozität lassen sich mit einem Strafrecht, das sich als moralische und therapeutische Anstalt versteht, nicht verwirklichen. In keinem Fall aber ist es zulässig, Zwecke zu Rechtsgütern aufzustufen und Intentionen mit sozialen Effekten gleichzusetzen.

---

158 Vgl. *Hassemer,* Arthur Kaufmann-FS, (Fn. 10), S. 85 ff.; *ders.* (Fn. 88), S. 316 ff.; ferner NK-*Hassemer/Neumann,* StGB, 2. Aufl. (2005), vor § 1 Rn. 149 ff., 159 ff.

159 *Hassemer,* in: Schünemann u.a. (Hrsg.), Positive Generalprävention, 1998, S. 1.

160 NK-*Hassemer/Neumann,* (Fn. 158), vor § 1 Rn. 57 ff.

161 Vgl. zur Kritik: *Müssig* (Fn. 72), S. 58 ff.; *Müller-Tuckfeld* (Fn. 79), S. 79; *Kargl,* Rechtstheorie 1999, 371 ff.; Einschränkungen auch bei *Hassemer,* Arthur Kaufmann-FS, (Fn. 10), S. 86 f.; *ders.,* in: Jung/Müller-Dietz/Neumann (Hrsg.), Recht und Moral, 1991, S. 329, 332; mit Blick auf die Eignungsdelikte siehe *Fischer* (Fn. 11), S. 490: Gestraft wird faktisch »nach Maßgabe des Strafbedürfnisses«; *ders.,* NStZ 1988, 160 f.; ähnlich *Rudolphi,* ZRP 1979, 220; zur Abnahme des Strafbedürfnisses in der deutschen Bevölkerung vgl. die Ergebnisse des Allensbacher Instituts für Demoskopie, FAZ vom 19. Juli 2006; kommentiert in: Forschung und Lehre, 2006, S. 440.

V. Schlusswort

Die Summe der vorstehenden Skizzen lässt sich in der Feststellung ausdrücken, dass der Versuch, Universalrechtsgütern durch die Vertrauenskomponente einen individualrechtlichen Geist einzuhauchen, gründlich misslungen ist. Der umgekehrte Versuch, Individualrechtsgüter mit einem kollektiven Vertrauensinteresse zu kombinieren, belebt die Spirale der Güterproduktion und hält kritischen Nachfragen ebenfalls nicht stand. Sowohl unter dem Aspekt der Legitimität als auch unter dem Aspekt der Legalität spricht die Anzahl der Defizite dafür, auf die Implementierung von Vertrauensschutzgütern gänzlich zu verzichten. Es hat sich gezeigt, dass der Topos vom Universalvertrauen das Rechtsgut in eine Ferne rückt, die eine Verifizierung des Bedrohungspotentials praktisch ausschließt, das Selbstbestimmungsrecht des »Opfers« marginalisiert, eine Verantwortung für das Handeln Dritter postuliert und damit den Täter überwiegend generalpräventiven Zwecksetzungen unterwirft. Die Prägung der Tatbestände bleibt von der Vagheit der Schutzrichtung nicht unberührt: Allenthalben werden die rechtsstaatlichen Standards der abstrakten Gefährdungsdelikte unterlaufen, die Grenzen zwischen Amtsdelikten und bloßen internen Dienstvergehen verwischt, Tathandlungen auf ihren virtuellen Eignungscharakter reduziert und die Schutzbereiche auf eine Vielzahl von Gefühlszuständen ausgedehnt. Unter diesen Voraussetzungen ist das Legalitätsprinzip weitgehend außer Kraft gesetzt, da sich der Verdacht der Strafverfolgungsorgane notgedrungen aus dem dunklen Grund von Spekulationen speisen muss.

Es liegt nahe, das verstärkte Aufkommen von Vertrauensschutzgütern mit dem »postmodernen Kontrollmodell«[162] zu assoziieren, in dem Prävention und Repression zu einem Cluster des Risikomanagements[163]

---

162 Dazu *Kunz/Moser* (Hrsg.), Innere Sicherheit und Lebensängste, 1997, S. 13 ff., 34; *Peter-Tobias Stoll,* Sicherheit als Aufgabe von Staat und Gesellschaft, 2003, S. 15 ff.; vgl. auch *Lange,* Innere Sicherheit im Politischen System der Bundesrepublik Deutschland, 1999; *Sack,* KrimJ 34 (2002), 45, der wegen mancher zeitgenössischer Extremformen von Punivität das Kontrollmodell als »Haß-Strafrecht« geißelt; *Deleuze,* KrimJ 1992, 181 ff.; ferner *Frehsee,* Der Rechtsstaat verschwindet, 2003, S. 344; *Prömmel,* KrimJ 34 (2002), S. 242 f. mit dem Hinweis auf das Konzept der Sozialdisziplinierung.

163 Siehe. insb. *Kunz,* Bürgerfreiheit und Sicherheit, 2002, S. 16 ff., 40 ff.; *Garland,* The culture of control, 2001, S. 188 ff.; *Miller,* Looking for postmodernism in all the

verschmelzen. In der Tat, die Wesensmerkmale des straftheoretischen Programms der Nachaufklärung – Informalisierung, Flexibilisierung sowie verhandelbare Justiz und taktisches Kalkül[164] – finden sich in unterschiedlicher Gewichtung auch bei den hier diskutierten Beispielen des Vertrauensschutzes. Beide Male ist entscheidend, dass Menschen als Angehörige von Risikogruppen identifiziert werden und gefräßige Sicherheitsbedürfnisse das Strafrecht kolonisieren. Allerdings sollte nicht unbeachtet bleiben, dass die Wurzeln der Sicherheitsorientierung bis in die Leitideen der aufklärerischen Strafrechtstradition zurückreichen. Der Begriff des Rechtsguts tauchte seit der Aufklärung in einem Atemzug mit dem Begriff des »Schutzes« auf. So wurde die Vorstellung geboren, dass es die Aufgabe der Rechtsordnung sei, Sicherheit im Sinne der Abwesenheit von Rechtsbrüchen zu gewährleisten[165]. In dieser Vorstellung steckt nun aber ein Überschuss an utopischer Qualität, der es außerordentlich schwierig macht, die im Grunde unstillbaren Erwartungen der Bevölkerung an den Zustand der Sicherheit sowohl mit den durch Art. 103 Abs. 2 GG gesetzten Tatbestandsgrenzen als auch mit der systemkritischen Funktion von Rechtsgütern in Einklang zu bringen[166]. Mit Hilfe der personalen Rechtsgutslehre allein wird sich dieses Dilemma nicht lösen lassen, auch wenn die Kriterien der Subjektorientierung und der Verletzbarkeit der allgegenwärtigen Zone des Unbestimmten einen starken Widerstand leisten[167]. Hinzukommen muss die Besinnung

---

wrong places, 2001, S. 170; grundlegend zur Unterscheidung verschiedener Formen des Paternalismus: *von Humboldt*, Ideen zu einem Versuch, die Grenzen der Wirksamkeit des Staates zu bestimmen, 1967 (Erstdruck 1851), S. 13 ff.; *Mill*, Über Freiheit, 1969 (1859), S. 16 ff.; *Dworkin*, in: Wasserstrom (Hrsg.), Morality and the Law, 1971, S. 107 ff.; *Klimpel*, Bevormundung oder Freiheitsschutz. Kritik und Rechtfertigung paternalistischer Vorschriften über das Leben, den Körper und die Sexualität im deutschen Recht, 2003, S. 22 ff.

164 So die Aufzählung bei *Kaiser*, Eser-FS, 2005, S. 1367; vgl. auch *Pieth*, Bedingte Freiheit. Disziplinierung zwischen Gnade und Kontrolle, 2001, S. 426 ff.; *ders.*, Trechsel-FS, Zürich 2002, S. 415 ff.

165 Zu den geschichtlichen Hintergründen der Verschmelzung der Begriffe »Sicherheit« und »Rechtsfrieden« vgl. *Teuber* (Fn. 36), S. 58 ff.; *Ritter*, Die Behandlung schädlicher Leute, 1930, S. 22 f.; *Tittmann* (Fn. 34), § 516.

166 Vgl. meine Interpretation des »öffentlichen Friedens« mit Bezug auf § 130 StGB, in: Jura 2001, 179 ff.

167 Nach *Hassemer* (Arthur Kaufmann-FS, [Fn. 10], S. 91) stellt die personale Rechtsgutskonzeption keinen Obersatz dar, aus dem sich »more geometrico« ableiten ließe,

auf das im Strafgesetz selbst ausgesprochene »Kerngeschäft« der Verwirklichung der vorgesehenen Rechtsfolgen: Auf eine Übeltat soll als Antwort ein staatlich verhängtes Übel zugefügt werden. Damit verträgt sich nicht, auf die Zufügung symbolischer Wunden mit symbolischer Kriminalpolitik und unernster Strafverfolgung zu antworten. Für Traglasten jenseits der Rechtsbehauptung sind die Schultern des Strafrechts zu schmal.

---

wann ein Straftatbestand bzw. ein ihm zugrunde liegendes Rechtsgut legitim ist oder nicht. Sein Wert liege darin, eine bestimmte Argumentationsrichtung bei der Auswahl strafrechtlicher Schutzgegenstände zu stützen. Andererseits müsse der Rechtsgutsbegriff offen genug sein, um eine Ermessungsentscheidung des Strafgesetzgebers zuzulassen; vgl. desweiteren *Hassemer,* Produktverantwortung im modernen Strafrecht, 2. Aufl. (1996), S. 21; *ders.,* in: Jung/Müller-Dietz/Neumann (Hrsg.), Recht und Moral, 1991, S. 329, 332.

»Alternativen: keine«. – Zur neueren Kritik an der personalen Rechtsgutslehre

Ulfrid Neumann

I. Die personale Rechtsgutslehre als praktische Strafrechtsphilosophie

Die personale Rechtsgutslehre, der unser Kolloquium gewidmet ist, hat im wissenschaftlichen Werk von Winfried Hassemer einen besonderen Stellenwert. Sie ist vielleicht seine persönlichste Leistung – im Doppelsinn des Wortes: als originärer, nur wenigen Vorbildern verpflichteter wissenschaftlicher Ansatz, zugleich aber im Sinne eines strafrechtstheoretischen Konzepts, das die prägenden rechtsethischen und rechtspolitischen Überzeugungen seines Autors in ein konsistentes Modell des Strafrechts übersetzt. Die personale Rechtsgutslehre ist eine Theorie, die hinter ihrem wissenschaftlichen Gehalt das Profil ihres Autors erkennen lässt.[1]

Das besagt natürlich nichts über – gegen – die Objektivierbarkeit der Theorie. Es besagt aber etwas über ihren logischen Ort. Die personale Rechtsgutslehre hat ihren Ort im Bereich nicht der theoretischen, sondern der praktischen Philosophie. Sie gibt Antwort auf eine normative, auf eine praktische Frage. Die Frage lautet: »Unter welchen Voraussetzungen darf der Staat eine Handlung unter Strafandrohung verbieten?« Die Antwort der personalen Rechtsgutslehre lautet zusammengefasst: nur dann, wenn diese Handlung ein strafrechtlich schutzbedürftiges menschliches Interesse verletzt. Das ist, nach dem ausdrücklichen Selbstverständnis der personalen Rechtsgutslehre, keine vollständige Antwort, denn sie markiert nur notwendige, nicht aber hinreichende Voraussetzungen der Kriminalisierung eines Verhaltens.[2] Es ist möglicherweise

---

1 Darstellung bei *W. Hassemer*, Grundlinien einer personalen Rechtsgutslehre (1989), in: *ders.*, Strafen im Rechtsstaat, 2000, S. 160 ff.; NK-*Hassemer*, 1. Aufl. 1994 ff., Vor § 1 Rn. 274 ff.; NK-*Hassemer/Neumann*, 2. Aufl. 2005, Vor § 1 Rn. 131 ff.

2 *Hassemer*, Grundlinien (Anm. 1) S. 88; NK-*Hassemer/Neumann*, Vor § 1 Rn. 147.

auch keine universale Antwort; denn es könnte sich als notwendig erweisen, in Grenzbereichen alternative Legitimationsmuster heranzuziehen.[3] Aber es ist eine wissenschaftlich überzeugende und rechtspolitisch kluge Antwort, zu der es eine heute ersichtliche Alternative nicht gibt. Das ist das Thema, und es ist zugleich die These meiner Überlegungen.

II. Charakteristika der personalen Rechtsgutslehre: individualistisch, interessenorientiert, ideologiekritisch

Ich kann das Konzept der personalen Rechtsgutslehre, wie es von Winfried Hassemer entwickelt worden ist, in diesem Kreis als bekannt voraussetzen. Ich markiere deshalb nur die Punkte, die dieses Konzept aus meiner Sicht besonders attraktiv machen. Das ist zunächst, an erster Stelle, der individualistische, im Wortsinne »menschliche« Ansatz. Die personale Rechtsgutslehre denkt das Strafrecht nicht von der Gesellschaft, sondern vom Individuum her. Sie stellt sich damit staatstheoretisch im Streit zwischen etatistischen und kollektivistischen Ansätzen einerseits, individualistischen Modellen andererseits klar auf die Seite der letzteren. Sie bindet, zweitens, das Strafrecht an konkrete Interessen der Menschen[4] und kann deshalb ideologische Bestandteile herausfiltern, die – obgleich bloße gesellschaftliche Wert*vorstellungen*, mit dem Anspruch verbindlicher Werte auftretend – das liberale Strafrecht bedrohen. Schließlich steht das Rechtsgutskonzept generell quer zu einem autoritären Strafrechtsmodell, das die Straftat als Pflichtverletzung versteht[5] und das Strafrecht damit als Mechanismus der Disziplinierung des Bürgers zu Gehorsam und Unterwerfung instrumentalisiert. Die personale Rechtsgutslehre korrespondiert im methodischen Ansatz einer interessenbasierten Ethik[6], die wegen der unmittelbaren Einsichtigkeit

---

3 Nachw. zur Diskussion bei NK-*Hassemer/Neumann* (Anm. 1), Vor § 1 Rn. 117.

4 Rechtsgüter sind in der Konzeption der personalen Rechtsgutslehre rechtlich zu schützende Interessen; dazu *Hassemer,* Grundlinien (Anm. 1), S. 166; NK-*Hassemer/Neumann,* Vor § 1 Rn. 62.

5 Dazu NK-*Hassemer/Neumann,* Vor § 1 Rn. 112.

6 Ausgearbeitet etwa bei *R.M. Hare,* Moral Thinking: Its Levels, Method and Point, Oxford 1981 (deutsch: Moralisches Denken: Seine Ebenen, seine Methode, sein Witz, Frankfurt am Main 1992).

ihres Bezugspunktes ein hohes Maß an Überzeugungskraft für sich beanspruchen kann.

III. Straftheoretische Perspektiven

Ein Modell, das Strafrecht auf Interessenschutz verpflichtet und durch diesen Gesichtspunkt begrenzt, bezieht damit zugleich Stellung in dem traditionellen Streit der Straftheorien. Es verpflichtet staatliche Strafe auf eine soziale Funktion und weist damit Strafzwecke wie »Vergeltung« und »Sühne« von vornherein ab. Sühne hat ihren Ort in der Transzendenz; Vergeltung ist, auch soweit sie nicht gleichfalls als Denkmuster religiöser Prägung verstanden wird, jedenfalls keine Kategorie des Rechts. Die personale Rechtsgutslehre optiert damit zwangsläufig für eine Position im Bereich der sogenannten relativen Straftheorien.

Wenn Winfried Hassemer gleichwohl auch die Weisheit absoluter Straftheorien hervorhebt[7], so lässt sich das spannungsfrei zusammenführen, wenn man scharf zwischen Begriff und Institution der Strafe auf der einen, ihrer Legitimation und ihrem Zweck auf der anderen Seite unterscheidet.[8] Dem Begriff der Strafe werden allein die absoluten Straftheorien gerecht. Strafe ist *begrifflich* eine Interessenverletzung, die einer Person wegen eines missbilligten Verhaltens zugefügt wird. Dieser semantische Zusammenhang spiegelt sich in der alltäglichen Kommunikation. Die Information, dass jemand bestraft wurde, provoziert die Frage »wofür«, nicht, oder jedenfalls nicht in erster Linie, die Frage »wozu«. Es geht hier nicht nur um ein sprachliches Problem. Denn die Sprachregeln, nach denen der Begriff der Strafe verwendet wird, spiegeln die Strukturen der sozialen Institution. Strafe ist institutionell eine Belastung einer Person in Reaktion auf ein missbilligtes Verhalten dieser Person, also Retribution.

Aus diesem begrifflichen und institutionellen Zusammenhang von Retribution (Vergeltung) und Strafe folgt aber keineswegs die Legitimität der retributiven Strafe. Dass Strafe notwendig retributiv ist, besagt nicht, dass staatliche Strafe sein soll. Soweit es um die Legitimation der Institu-

---

7 NK-*Hassemer*, Vor § 1 Rn. 413; NK-*Hassemer/Neumann*, Vor § 1 Rn. 107, 272.

8 Dazu und zum folgenden näher NK-*Hassemer/Neumann*, Vor § 1 Rn. 101 ff.; *Neumann*, Alternativen zum Strafrecht, in: U.Neumann / C. Prittwitz (Hrsg.), Kritik und Rechtfertigung des Strafrechts, 2005, S. 89, 98 ff.

tion der Strafe geht, ist nur eine normative Argumentation tragfähig. Wer staatliche Strafe über Vergeltung rechtfertigen will, muss begründen, dass eine Welt, in der auf bestimmte Verletzungen (auf Seiten des Opfers) mit bestimmten zusätzlichen Verletzungen (gegenüber dem Täter) reagiert wird, *ceteris paribus* eine bessere Welt ist als eine Welt, in der es bei der bereits eingetretenen Verletzung – des Opfers – verbleibt. Diese Begründung ist jenseits eines religiösen oder metaphysischen Weltbilds nicht zu leisten. Mit Erwägungen irdischer Gerechtigkeit lässt sich die Notwendigkeit staatlicher Strafe entgegen der Auffassung der »Gerechtigkeitstheorie«[9] nicht begründen: Die Argumentation, der Täter müsse bestraft werden, weil ansonsten Ungleiches gleich behandelt würde, setzt voraus, was zu beweisen wäre, nämlich: dass Täter und Nichttäter nicht nur hinsichtlich ihres Verhaltens ungleich sind, sondern dass diese Ungleichheit auch die Notwendigkeit einer retributiven Reaktion begründet. Sinn und Zweck der Strafe können deshalb in einem säkularen Staat allein im Bereich gesellschaftlicher Zwecksetzung lokalisiert werden.

IV. Die Aufgabe des Strafrechts: Rechtsgüterschutz oder Normgarantie?

Mit der Festlegung auf eine Straftheorie, die staatliche Strafe allein über ihre sozialen Leistungen rechtfertigt, ist die Entscheidung für die Aufgabe gerade des Rechtsgüterschutzes noch nicht gefallen. Das Rechtsgutskonzept steht hier bekanntlich in Konkurrenz mit alternativen Konzeptionen, die nicht im Schutz von Rechtsgütern, sondern in der Garantie von Normgeltung die maßgebliche Leistung des Strafrechts erblicken.[10] Strafrecht, so der Ansatz von Jakobs, garantiert nicht Gütersicherheit, sondern Normgeltung[11]. Dieses Modell verhält sich zu dem Konzept des Rechtsgüterschutzes deshalb alternativ, weil es jedenfalls in der von

9 Darstellung bei *Neumann/Schroth*, Neuere Theorien von Kriminalität und Strafe, 1980, S. 15 f.

10 *Jakobs*, Strafrecht Allgemeiner Teil, 2. Aufl. 1991, 2/2 ff.; *ders.*, Staatliche Strafe: Bedeutung und Zweck, 2004, S. 26 ff.

11 Vgl. etwa *Jakobs*, Das Selbstverständnis der Strafrechtswissenschaft vor den Herausforderungen der Gegenwart (Kommentar), in: A.Eser / W.Hassemer / B.Burkhardt (Hrsg.), Die deutsche Strafrechtswissenschaft vor der Jahrtausendwende, 2000, S. 47, 49.

Jakobs ursprünglich verfochtenen Gestalt den Güterschutz *durch* Normgarantie ausdrücklich für unerheblich erklärt[12]. Lediglich als kognitive Voraussetzung der Normstabilisierung muss gewährleistet sein, dass Straftaten nicht überhand nehmen[13]. Unter diesem Aspekt hat die Verheimlichung von Straftaten den gleichen Effekt wie deren Verhinderung.

Es ist hier nicht der Raum für eine Auseinandersetzung mit dem Modell der Strafe als Normenschutz. Der zentrale Einwand gegen seine Tauglichkeit als normative Theorie des Strafrechts[14] dürfte darin liegen, dass es den neutralen Standpunkt eines Beobachters bezieht und sich damit aus dem Diskurs, der über Fragen der Legitimität von Kriminalisierungen geführt wird, notwendig ausklinkt. Im Kreis der normativ argumentierten Strafrechtstheoretiker ist der Repräsentant einer externen, funktional orientierten Strafrechtsanalyse ein steinerner Gast. Das Problem liegt hier nicht in dem Ziel des Normenschutzes, auf den man sich als Vertreter einer Theorie der positiven Generalprävention[15] natürlich einlassen kann, sondern in der Verabsolutierung dieses Ziels, in dem Verzicht auf sachliche Kriterien legitimen Normenschutzes. Die normativ entscheidende Frage ist die nach dem Schutzbereich der Normen und damit letztlich wiederum nach dem betroffenen Rechtsgut, will man sich nicht auf das Glatteis eines strafrechtlichen Moral- oder Werteschutzes begeben.

---

12 *Jakobs,* Strafrecht Allgemeiner Teil, 2. Aufl. 1991, 1/16.

13 *Jakobs,* Strafrecht Allgemeiner Teil, 2. Aufl. 1991, 1/16, 1/56. In späteren Arbeiten wird die Erzeugung präventiver Wirkungen als latente Funktion der Strafe (neben der manifesten Funktion der Normbestätigung) anerkannt. Vgl. dazu etwa *Jakobs,* Selbstverständnis (Anm. 11), S. 50.

14 Nicht gegen seine – m.E. hoch zu veranschlagende – Tauglichkeit als strafrechtssoziologisches Erklärungsmuster.

15 Zu Hassemers Position vgl. *Hassemer,* Variationen der positiven Generalprävention (1998), in: *ders.,* Strafen im Rechtsstaat, 2000, S. 199 ff.; ferner NK-*Hassemer/Neumann* (Anm. 1), Vor § 1 Rn. 288 ff.

V. Kritikpunkte

Das Rechtsgutskonzept ist, gerade auch in Gestalt der personalen Rechtsgutslehre, international ein Erfolgsmodell[16]. Es sieht sich aber, vor allem in der deutschen Diskussion, auch zunehmender Kritik ausgesetzt[17]. Diese Kritik zielt teilweise auf den methodischen Ansatz, vor allem aber auf die praktische Leistungsfähigkeit des Modells. Auf den Nenner gebracht lautet sie: die Rechtsgutskonzeption ist einerseits zu eng und andererseits zu weit. Zu eng sei die Konzeption, weil sie den legitimen Strafrechtsschutz bestimmter Vorstellungen und Gefühle nicht zu legitimieren vermöge[18]; der personalen Rechtsgutslehre wird darüber hinaus das angebliche Unvermögen einer Integration kollektiver Rechtsgüter angekreidet[19]. Auf der anderen Seite sei der Rechtsgutsbegriff nicht nur zu weit, um das Strafrecht wirksam begrenzen zu können; das Rechtsgutsdenken begünstige geradezu eine weite Vorverlegung des Strafrechts[20] und sei im Übrigen auch dort, wo es nach seiner internen Logik das Strafrecht begrenze, ohne praktische Wirksamkeit[21]. Hinter dieser Kritik stehen verschiedene Missverständnisse, aber auch einige ernsthafte Probleme.

---

16 Vgl. etwa *Kaiafa-Gbandi,* Das Strafrecht an der Schwelle zum neuen Jahrtausend: Blick in die Zukunft ohne Blick zurück in die Vergangenheit?, in: C.Prittwitz / I.Manoledakis (Hrsg.), Strafrechtsprobleme an der Jahrtausendwende. Deutsch-griechisches Symposium Rostock 1999, 2000, S. 43, 45 (die Lehre vom Rechtsgut als »eines der wichtigsten Vermächtnisse der deutschen Strafrechtswissenschaft an die europäische Rechtskultur«); zuletzt *Dubber,* Positive Generalprävention und Rechtsgutstheorie. Zwei zentrale Errungenschaften der deutschen Strafrechtswissenschaft aus amerikanischer Sicht, ZStW 117 (2005), S. 485.

17 Nachw. bei NK-*Hassemer/Neumann* (Anm. 1), Vor § 1 Rn. 116 ff.

18 Exemplarisch *Wohlers,* Schlusswort: »Die Tagung aus der Perspektive eines Rechtsgutsskeptikers«, in: R.Hefendehl / A.v.Hirsch / W.Wohlers (Hrsg.), Die Rechtsgutstheorie. Legitimationsbasis des Strafrechts oder dogmatisches Glasperlenspiel?, 2003, S. 281, 283.

19 Nachw. bei NK-*Hassemer/Neumann,* Vor § 1 Rn. 117.

20 *Frisch,* An den Grenzen des Strafrechts, in: Beiträge zur Rechtswissenschaft. Festschrift für Walter Stree und Johannes Wessels zum 70. Geburtstag, 1993, S. 69, 72 ff.

21 *Wohlers,* Schlusswort (Anm. 18), S. 281.

1. Kritik an der Enge des Rechtsgutskonzepts

a) Ein Missverständnis steht offensichtlich hinter der Behauptung, die personale Rechtsgutslehre könne kollektive Rechtsgüter[22] nicht in ihr Modell integrieren. Winfried Hassemer hat dazu das Erforderliche gesagt[23], und ich brauche es hier nicht zu referieren. Nur ganz verkürzt: Entweder lassen sich die kollektiven Rechtsgüter auf individuelle zurückführen, dann steht ihrer Integration in das Modell der personalen Rechtsgutslehre nichts im Wege. Oder aber es wird das kollektive Rechtsgut wirklich als eigenständiges und nicht abgeleitetes Schutzgut verstanden – Stichwort: Schutz der Umwelt um ihrer selbst willen –, dann besteht aller Anlass, diesem Rechtsgut mit Misstrauen zu begegnen.

b) Größere Probleme werfen die Tatbestände auf, in denen es um den Schutz nicht menschlicher Interessen – Tatbestand der Tierquälerei – oder von bloßen Gefühlen oder Vorstellungen geht – genannt werden etwa der Tatbestand der Verunglimpfung des Andenkens Verstorbener (§ 189 StGB) oder der Tatbestand der Beschimpfung religiöser Bekenntnisse (§ 166 StGB). Solche Tatbestände haben in jüngster Zeit Anlass zu dem Vorschlag gegeben, das Rechtsgutskonzept durch die Anerkennung von sogenannten »Verhaltensdelikten« zu ergänzen[24] oder sogar zu ersetzen[25]. Diese Verhaltensdelikte sollen nicht die Verursachung von Sozialschäden unter Strafe stellen, sondern einen Verstoß gegen Wert- und Verhaltensvorstellungen der Gesellschaft poenalisieren.

---

22 Ausf. zur Problematik kollektiver Rechtsgüter *Hefendehl,* Kollektive Rechtsgüter im Strafrecht, 2002; *Anastasopoulou,* Deliktstypen zum Schutz kollektiver Rechtsgüter, 2005.

23 *Hassemer,* Grundlinien (Anm. 1), S. 91 ff.; vgl. auch NK-*Hassemer/Neumann,* Vor § 1 Rn. 131 ff., 138.

24 *Hefendehl,* Kollektive Rechtsgüter im Strafrecht, 2002, S. 52 ff.

25 *Stratenwerth,* Kriminalisierung bei Delikten gegen Kollektivrechtsgüter, in: Hefendehl/v.Hirsch/Wohlers (Hrsg.), Rechtsgutstheorie (Anm. 18), S. 255, 257; vgl. auch *Stratenwerth,* Zukunftssicherung mit den Mitteln des Strafrechts?, ZStW 105 (1993), S. 679, 692 ff.; *ders.* Zum Begriff des »Rechtsgutes«, in: Festschrift für Theodor Lenckner zum 70. Geburtstag, 1998, S. 377 ff.

c) Das ist – jedenfalls in der zweiten Variante – ein radikales, und es ist ein gefährliches Konzept. Es ist radikal, weil es das Rechtsgutskonzept *in toto* über Bord wirft, um Probleme zu bewältigen, die sich in Grenzbereichen stellen. Und es ist gefährlich, weil es selbst auf den Versuch einer normativen Kontrolle gesellschaftlicher Bestrafungstendenzen verzichtet, und das Strafrecht damit kampflos den jeweils herrschenden Ideologien[26] ausliefert. Vernünftigerweise gibt es hier drei und nur drei Möglichkeiten.

Die erste: Man bezieht als Verfechter der Rechtsgutslehre einen heroischen Standpunkt und brandmarkt Tatbestände wie den der Beschimpfung religiöser Bekenntnisse (§ 166 StGB) als illegitim[27]. Das ist eine Position, die bereichsweise durchgehalten werden kann, aber rasch an die Grenzen gesellschaftlicher – vielleicht auch eigener – Akzeptanz stößt. Die zweite Möglichkeit: Man fasst den Begriff des Rechtsguts so weit, dass auch der Schutz von bloßen Gefühlen und Vorstellungen dem Rechtsgüterschutz zugeordnet werden kann. Das würde zu einer Verflüssigung und Verflüchtigung des Rechtsgutsbegriffs führen, vor der Winfried Hassemer zu Recht und mit Nachdruck gewarnt hat[28]. Die dritte Möglichkeit liegt in der Ergänzung der Rechtsgutstheorie durch komplementäre Ansätze, etwa durch das Prinzip der Belästigung (»Offense Principle«)[29]. Denkbar wäre auch, jenseits der Reichweite des

---

26 Der Begriff wird hier selbstverständlich in dem neutralen Sinne verstanden, in dem er in der Wissenssoziologie Verwendung findet. – In der These, das Strafrecht könne legitimer Weise zum Schutz der Regeln eingesetzt werden, über die sich eine Gesellschaft in ihrer spezifischen Identität konstituiert, trifft sich die Auffassung *Stratenwerths* (Anm. 24 S. 256 f.) mit der im Ansatz ganz anders begründeten Position von Jakobs (*Jakobs*, Selbstverständnis [Anm. 11], S. 49: »die Strafe ist Bestätigung der Identität der Gesellschaft, also des Normbestands«). Soweit *Stratenwerth* sich auf den berechtigten Kampf von Angehörigen unterdrückter Kulturen um »ihre« Regeln beruft (»An vielen Orten der Erde kämpfen und sterben Menschen noch immer um der Regeln willen, nach denen sie als soziale Wesen leben wollen ...« [Anm. 24 S. 257]), wäre darauf zu verweisen, dass das Recht, nach eigenen Regeln zu leben, von dem Recht, Abweichungen von diesen Regeln mit den Mitteln des Strafrechts zu unterdrücken, scharf unterschieden werden muss.

27 Kritisch etwa NK-*Herzog*, § 166 Rn. 1 (allerdings wird der Tatbestand unter dem Gesichtspunkt des Schutzes des öffentlichen Friedens letztlich akzeptiert).

28 NK-*Hassemer*, Vor § 1 Rn. 265; NK-*Hassemer/Neumann*, Vor § 1 Rn. 122.

29 Dazu etwa *v. Hirsch*, Der Rechtsgutsbegriff und das »Harm Principle«, in: Hefendehl/v.Hirsch/Wohlers, Rechtsgutstheorie (Anm. 18), S. 22 ff.; *ders.*, Belästigendes

Rechtsgutsprinzips auf eine Rechtfertigung von Straftatbeständen in einem strengen Sinne zu verzichten, aber die Unvermeidbarkeit der strafrechtlichen Armierung elementarer gesellschaftlicher Wertvorstellungen als soziologischen Befund zur Kenntnis zu nehmen. An diesem Punkt sind weitere Analysen nötig und zu erwarten.

2. Kritik an der Weite des Rechtsgutskonzepts

a) Der entgegengesetzte Vorwurf, der Rechtsgutsbegriff sei zu weit, um auch nur im theoretischen Modell eine relevante Begrenzung des Strafrechts leisten zu können, trifft eine Konzeption nicht, die das Rechtsgut konsequent an den Begriff des Interesses zurückbindet[30], das Rechtsgut als rechtlich zu schützendes Interesse versteht. Richtig ist allerdings, dass die *strafrechtsdogmatische* Diskussion Tendenzen zu einer Ontologisierung des Rechtsgutsbegriffs zeigt, in deren Konsequenz das Rechtsgut letztlich *gegen* die Interessen desjenigen ausgespielt werden kann, um dessen Schutz es gehen sollte, der aber in einem substantialisierten Rechtsgutsmodell nur noch als austauschbarer »Träger« eines Rechtsguts fungiert.

b) Ein drastisches Beispiel bildet die aktuelle Diskussion zur Sterbehilfe, in der man auf das Rechtsgut Leben pocht, um dem Patienten die autonome Entscheidung über seinen Tod zu entziehen – so, als wäre es nicht *sein* Leben, um dessen Beendigung er mit dem Staate rechten muss. Hier wird das Recht auf Leben im Ergebnis in eine Lebenspflicht transformiert – ein Kategorienfehler, der tendenziell zu einer Tyrannei des Rechtsguts gegenüber dessen Inhaber führt[31].

c) Das gleiche Problem stellt sich beim Hungerstreik von Strafgefangenen. Auch hier werden Zwangs- und Gewaltmaßnahmen gegenüber dem »Träger« des Rechtsguts mit der Notwendigkeit begründet, das

---

Verhalten. Gibt es ein strafrechtliches Belästigungsprinzip?, in: Menschengerechtes Strafrecht. Festschrift für Albin Eser zum 70. Geburtstag, 2005, S. 189.

30 Vgl. oben bei Anm. 4.

31 Nachw. und Kritik bei NK-*Neumann*, Vor § 211 Rn. 3.

Rechtsgut »Leben« zu schützen[32]. Auf die personale Rechtsgutslehre können sich solche Umdeutungen nicht berufen; der strafrechtliche Schutz von Interessen begründet Rechte, nicht aber Pflichten des Geschützten. Hart paternalistische Strafdrohungen werden von der personalen Rechtsgutslehre nicht gedeckt.

d) Der weitere Einwand, das Rechtsgutsdenken begünstige eine weite Vorverlagerung des Strafrechts[33], ist ernst zu nehmen, lässt sich aber in einem komplexen Modell eines rechtsgutsbasierten Strafrechts ausräumen. Denn die Existenz eines vorzeigbaren Rechtsguts ist lediglich eine notwenige, nicht aber eine hinreichende Bedingung für die Legitimität einer Strafdrohung. Selbstverständlich kann das Rechtsgutskonzept für sich alleine die notwendige Begrenzung des Strafrechts nicht leisten[34]. Es ist, wie Winfried Hassemer hervorgehoben hat, auf die Ergänzung durch normative Prinzipien – wie den Verhältnismäßigkeitsgrundsatz und das ultima ratio-Prinzip – angewiesen[35]. Im Übrigen ergeben sich Begrenzungen aus der Institution der Strafe selbst. Als retributive Institution setzt Strafe ein Verhalten voraus, das die Sanktionierung mit empfindlichen Maßnahmen »verdient«[36]. Mit präventiven Gesichtspunkten allein ist Strafe auch in einem rechtsgüterschützenden Strafrecht nicht zu rechtfertigen.

e) Auf einem Missverständnis beruht schließlich auch der Einwand der mangelnden praktischen Durchschlagskraft des Rechtsgutskonzepts. Man verkennt die Möglichkeiten eines rechtswissenschaftlichen Modells, wenn man gegen die kritische Potenz des Rechtsgutskonzepts beispielsweise geltend macht, die Reform der Sexualdelikte sei kein Erfolg der Rechtsgutstheorie, sondern »schlicht die Konsequenz gewandelter

---

32 Vgl. etwa *Herzberg*, Zur Strafbarkeit der Beteiligung am frei gewählten Selbstmord, dargestellt am Beispiel des Gefangenensuizids und der strafrechtlichen Verantwortung der Vollzugsbediensteten, ZStW 91 (1979), S. 557 ff.

33 *Frisch*, Grenzen (Anm. 20), S. 72 ff.

34 Vgl. Anm. 2.

35 NK-*Hassemer*, Vor § 1 Rn. 293; NK-*Hassemer/Neumann* (Anm. 1), Vor § 1 Rn. 151.

36 Zur Voraussetzung der »Strafwürdigkeit« vgl. NK-*Hassemer*, Vor § 1 Rn. 183 ff.; NK-*Hassemer/Neumann*, Vor § 1 Rn. 49 ff.

gesellschaftlicher Auffassungen zur Sexualität«[37]. Die Rechtsgutslehre ist kein Katechismus, der, mit Feuer und Schwert durchgesetzt, aus verstockten Strafrechtsmoralisten bekennende – aber eben nur »bekennende« – Liberale machen würde. Das Rechtsgutskonzept ist, wie alle rechtswissenschaftlichen Modelle, auf ein intellektuelles und soziales Klima angewiesen, das es trägt und seine Durchsetzung ermöglicht. Die Abhängigkeit zwischen wissenschaftlichem Modell und sozialen Entwicklungen besteht aber auch in der Gegenrichtung: Neue gesellschaftliche Auffassungen verwirklichen sich nicht von selbst; sie müssen argumentativ durchgesetzt werden; und für die Durchsetzung (und Beibehaltung) eines liberalen Strafrechts ist das Rechtsgutskonzept eine argumentative Hilfe[38]. Nicht mehr, aber auch nicht weniger. Das heißt: das Rechtsgutsmodell erschwert Kriminalisierungen jenseits eines Kernbereichs des Strafrechts, und es zwingt deren Verfechter zu riskanten Argumentationsstrategien. Dafür abschließend zwei Beispiele.

aa) Das erste Beispiel: In dem im Herbst 2005 von mehreren Autoren vorgelegten »Alternativ-Entwurf Sterbebegleitung (AE-StB)«[39] wird die Einführung eines Straftatbestands der »Unterstützung einer Selbsttötung aus Gewinnsucht« vorgeschlagen. Danach soll mit Freiheitsstrafe bis zu fünf Jahren oder mit Geldstrafe bestraft werden, wer »die Selbsttötung eines anderen aus Gewinnsucht unterstützt« (§ 215a des Entwurfs). Der Tatbestand zielt natürlich auf die Tätigkeit von sogenannten Sterbehilfeorganisationen und soll nach dem Willen der Verfasser schon dann eingreifen, wenn unter Ausnutzung der Notlage des Suizidwilligen Geldzahlungen gefordert werden, die über Kosten- und Auslagenersatz sowie eine angemessene Honorierung hinausgehen; nicht erforderlich soll sein, dass eine »überzogen hohe« Forderung gestellt oder Druck auf den Suizidwilligen ausgeübt wird.[40]

---

37 *Wohlers*, Deliktstypen des Präventionsstrafrechts – zur Dogmatik »moderner« Gefährdungsdelikte, 2000, S. 279 f.; *ders.*, Schlusswort (Anm. 18), S. 281.

38 Zur gesetzgebungskritischen Funktion des Rechtsgüterschutzkonzepts (Markierung der Kriterien, die eine Kriminalisierung *nicht* rechtfertigen können) sehr klar *Roxin*, Rechtsgüterschutz als Aufgabe des Strafrechts? In: R. Hefendehl (Hrsg.), Empirische und dogmatische Fundamente, kriminalpolitischer Impetus. Symposium für Bernd Schünemann zum 60. Geburtstag, 2005, S. 135 ff.

39 *Schöch/Verrel*, Alternativ-Entwurf Sterbebegleitung (AE-StB), GA 2005, S. 553 ff.

40 *Schöch/Verrel* (wie Anm. 39), S. 582.

Geschütztes Rechtsgut einer solchen Norm kann natürlich nicht das Leben sein;[41] denn gegen eigenverantwortliche Selbsttötungen (und auch gegen Handlungen zu deren Unterstützung) ist das Rechtsgut »Leben« strafrechtlich nicht geschützt. Welches aber soll das Rechtsgut sein, das einen solchen Tatbestand zu tragen hätte? Die Verfasser antworten auf diese Frage, »Rechtsgut einer solchen Norm wäre (...) die Ausnutzung der Notlage eines tödlich kranken Menschen, die bei Gewinnsucht sozialethisch verwerflich ist.«[42] Das ist natürlich nicht so gemeint, wie es formuliert ist. Denn selbstverständlich ist die Ausnutzung einer Notlage kein Rechtsgut. Aber dass die Formulierung misslungen ist, liegt nicht an sprachlichem Ungeschick, sondern an der sachlichen Schwierigkeit, hier ein tragfähiges Rechtsgut namhaft zu machen. Als nachvollziehbarer Grund der vorgeschlagenen Kriminalisierung bleibt nur die von den Verfassern angesprochene sozialethische Verwerflichkeit der Handlung. Genau dies, die strafrechtliche Sanktionierung (lediglich) sozialethisch verwerflichen Verhaltens, ist mit der Rechtsgutstheorie unvereinbar.

bb) Das zweite Beispiel: In der parlamentarischen Diskussion zur Strafbarkeit des Besitzes von Kinderpornographie wurde argumentiert, angesichts der offenkundigen Verwerflichkeit dieses Verhaltens komme es auf die Rechtsgutsfrage nicht wesentlich an[43]. Dahinter steht offenkundig die Einsicht, dass der Tatbestand über Rechtsgutserwägungen nicht oder nur schwer zu begründen sei. Und dahinter steht die Konzession, dass Straftatbestände jedenfalls grundsätzlich über den Gesichtspunkt des Rechtsgüterschutzes legitimiert werden müssen. Das sind Zugeständnisse, die der Strafrechtskritik weite Tore öffnen. Die Aufgabe und die Leistung der Rechtsgutslehre ist es, diese Kritik zu ermöglichen. Mehr kann man von einer rechtswissenschaftlichen Theorie nicht erwarten.

---

41 So zutreffend die *Verfasser* des Entwurfs (wie Anm. 39), S. 582. Die vorgeschlagene Lokalisierung eines entsprechenden Tatbestands bei den Tötungsdelikten müsste deshalb auch aus der Sicht der Verfasser systemwidrig sein.

42 *Schöch/Verrel* (Anm. 39), S. 582.

43 Nachw. bei *Staechelin*, Interdependenzen zwischen der Rechtsgutstheorie und den Angriffswegen auf die dadurch bestimmten Güter, in: *Lüderssen* (Hrsg.), Aufgeklärte Kriminalpolitik oder Kampf gegen das Böse?, Bd. 1 (Legitimationen), 1998, S. 239 Anm. 4.

Personale Rechtsgutslehre und die »Opfer von morgen«*

Cornelius Prittwitz

I.

Winfried Hassemer, dem dieser Beitrag in freundschaftlicher Verbundenheit gewidmet ist, beendete jüngst eine tour d'horizon zu absehbaren Entwicklungen in Strafrechtsdogmatik und Kriminalpolitik[1] mit einem Plädoyer zur verstärkten Opferorientierung: »Strafrechtstheorie und Straftheorie müssen das Opfer mehr ins Zentrum ihrer Konzepte rücken«.[2] Zwar gebe es auch im modernen Strafrecht zur »prinzipiellen Täterorientierung ... keine Alternative«; Opferorientierung der Straf(rechts)theorie sei gleichwohl mehr als pflichtschuldige kriminalwissenschaftliche Konsequenz aus analysierter und prognostizierter Strafrechtsentwicklung und gehe auch über die Herausforderung hinaus, Nullsummenspiele zwischen Opfer- und Täterinteressen[3] zu vermeiden: Denn »mit dem Opfer«, ich zitiere wörtlich den etwas enigmatischen Schlusssatz, »(tritt) wesentlich mehr auf den Plan der Kriminalpolitik ... als nur die verletzte Person: nämlich wir alle.«[4]

---

* Es handelt sich um die leicht überarbeitete Fassung meines Vortrages auf dem Symposium »Personale Rechtsgutslehre und Opferorientierung im Strafrecht«, das *Winfried Hassemers* Frankfurter Strafrechtskollegen *Dirk Fabricius, Klaus Günther, Walter Kargl, Ulfrid Neumann* und *Cornelius Prittwitz* am 8. Juli 2005 aus Anlass seines 65. Geburtstages am 17. Februar 2005 veranstaltet haben.

1 *Hassemer*, Absehbare Entwicklungen in Strafrechtsdogmatik und Kriminalpolitik, in: Prittwitz/Manoledakis (Hrsg.), Strafrechtsprobleme an der Jahrtausendwende, 2000, S. 17 ff.

2 *Hassemer*, a.a.O., S. 25.

3 Im Strafprozess: Nullsummenspiele zwischen Opferzeugen- und Beschuldigteninteressen.

4 Alle Zitate: *Hassemer*, a.a.O.

Die Opferorientierung in Strafrecht und Kriminalpolitik hat sich seitdem sicher noch verstärkt; dass aber Strafrechts- und Straftheorie *Hassemers* Appell bereitwillig gefolgt sind[5], kann ich nicht erkennen.[6] *Hassemer* selber weist freilich dem Opfer straftheoretisch seit langem schon[7], in neuerer Zeit aber noch expliziter eine wichtige Rolle in seiner Version positiver Generalprävention zu. Sie unterscheidet sich deutlich von *Reemtsmas* Versuch der Einbringung von Opferinteressen in die positive Generalprävention. Denn *Hassemer* meint mit positiver Generalprävention vor allem, das Strafrecht müsse darauf achten, »dass die soziale Kontrolle, also die Prozesse der Normbildung und der Sanktionierung von Normverletzungen, bei kriminellen Handlungen, also bei Konflikten besonderer Schwere und Bedrohlichkeit, die Interessen der *beteiligten Menschen* nicht unangemessen in Mitleidenschaft ziehen.«[8] »Rechtsgüterschutz«, so sagt er es an anderer Stelle, »meint also nicht nur den Schutz menschlicher Interessen vor Verletzung durch den Normbrecher, sondern meint auch den Schutz menschlicher Interessen in der Bewältigung und Verarbeitung des Konflikts, der durch den Normbruch entstanden ist« und gemeint sind damit, so ausdrücklich »nicht nur (die Interessen) des Beschuldigten.«[9]

---

5 Vgl. aber erste Antworten in dem von *Hassemer* und *Jan Philipp Reemtsma* verfassten Band »Verbrechensopfer. Gesetz und Gerechtigkeit«, 2002.

6 *Jan Philipp Reemtsmas* »Wildern« in den Straftheorien – er schlug bekanntlich vor, das Recht des Opfers auf Bestrafung in der Theorie der positiven Generalprävention unterzubringen – hat zwar bei den Kriminalwissenschaftlern einige Aufmerksamkeit erregt, aber weniger unter straftheoretischen Aspekten. Und auch mein Eingehen auf *Reemtsmas* Vorschlag – ich fand seine Idee, die plausibel dargelegten tatsächlichen Auswirkungen der Täterbestrafung auf das Opfer (nämlich die dadurch mögliche Verhinderung weiteren Schadens beim schon primär- und sekundärviktimisierten Opfer), in Anbetracht der vielen von der Strafe erhofften, aber gerade schlecht belegbaren Zwecke, durchaus diskussionswürdig, meinte aber, dass das mit positiver Generalprävention wenig zu tun habe, sondern einen eigenständigen straftheoretischen Ansatz, die (von mir so genannte) »positive opferorientierte Spezialprävention« darstelle – fand, so weit ich gesehen habe, keinen Widerhall.

7 Vgl. etwa in *Hassemer*, Einführung in die Grundlagen des Strafrechts, 2. Aufl., 1990, S. 326.

8 *Hassemer*, Freiheitliches Strafrecht, 2001, S. 13; Hervorhebung im Zitat: C. P.

9 *Hassemer*, Nomos Kommentar zum StGB, 1. Aufl., 1995, Rn. 310 vor § 1.

II.

An dieser Schnittstelle zwischen Rechtsgüterschutz[10], positiver Generalprävention und Opferorientierung[11] des Strafrechts, dadurch gekennzeichnet, dass das Strafrecht weit über den Kreis der unmittelbar Betroffenen hinaus wirkt und wirken soll, möchte ich ansetzen und fragen, ob in diesen Konzepten, namentlich in der personalen Rechtsgutslehre auch die »Opfer von morgen« ihren Platz finden. Anlass für diese Fragestellung sind die drängenden Forderungen aus Gesellschaft[12], Politik[13] und Strafrechtswissenschaft, das Strafrecht müsse und könne seinen Teil dazu beitragen, die drohende »Zerstörung der Grundlagen künftigen Lebens auf dieser Erde abzuwenden«.[14]

1. Grundlagen

Mit *Hassemer* und vielen anderen Kriminalwissenschaftlern[15] gehe ich dabei davon aus, dass mit der personalen Rechtsgutslehre legitime Aufgaben und Grenzen des Strafrechts beschrieben sind. Damit soll in Abgrenzung zu anderen Konzepten dreierlei gesagt sein:

a) Unveränderte Grundvoraussetzung, also notwendige, aber nicht hinreichende Bedingung legitimen Strafrechts ist, dass das durch ein

---

10 Rechtsgüterschutz, der nach *Hassemers* Ansicht – wie eben dargestellt – den Schutz menschlicher Interessen *über die unmittelbar Beteiligten hinaus* meint.

11 Opferorientierung, mit der *wir alle* auf den Plan treten; vgl. nochmals *Hassemer,* (o. Fn. 2), S. 25.

12 Paradigmatisch *Ulrich Beck,* Risikogesellschaft, 1986, S. 318 ff.; deutlich skeptischer bereits *ders.*, Gegengifte, 1988, S. 10 und S. 214.

13 Wie sie sich in der 1980 erfolgten Einstellung des Kernbereichs des Umweltstrafrechts in das StGB durch das 18. StRÄndG widerspiegelt, das mit nur einer Gegenstimme (und ohne Einwände des Bundesrates) vom 8. Deutschen Bundestag verabschiedet wurde.

14 Vgl. dazu zusammenfassend und zuspitzend *Stratenwerth,* ZStW 105 (1993), 679 ff. (696).

15 Vgl. mit zahlreichen Nachweisen *Roxin,* Strafrecht, Allgemeiner Teil, Bd. 1, 4. Aufl., 2006, S. 16 ff.

Strafgesetz geschützte[16] *Rechtsgut* benannt werden kann. »Unverändert« ist an dieser Legitimationsvoraussetzung vor allem deswegen festzuhalten, weil inzwischen allgemein anerkannt sein dürfte, dass das Argument des »geschützten Rechtsguts« nicht nur – kritisch angewandt auf ein nicht nur Rechtsgüter schützendes und insofern überbordendes Strafrecht – strafrechtlimitierend, sondern – durch die Behauptung schützenswerter neuer Rechtsgüter – auch zu Neukriminalisierungen und damit vielleicht zu (anders gekennzeichneten) Überbordungen führen kann.[17]

b) Zweitens setzt die erwünschte Legitimationsfunktion voraus, dass durch die Rechtsgutslehre die Aufgaben des Strafrechts dem Grunde nach *einheitlich* bestimmt werden. Eine dualistische Rechtsgutslehre beschreibt dagegen lediglich ein unverbundenes Nebeneinander von Universal- und Individualrechtsgütern und kann deswegen die Legitimationsfunktion nicht erfüllen. Mit *Hassemer* gesprochen muss man in dieser sensiblen Frage »staatspolitisch Farbe bekennen«, d.h. sich für eine *monistische* Rechtsgutslehre entscheiden.[18]

c) Schließlich gehe ich für meine weiteren Überlegungen davon aus, dass nur eine *personale* Rechtsgutslehre sich auf ein liberales Staatsverständnis berufen kann. Wer diese Einschätzung teilt, dass der Staat und die Legitimität staatlichen Handeln von der Person her zu verstehen und zu beurteilen ist, muss sich daher für eine personale Rechtsgutslehre entscheiden, muss eine personale Rechtsgutslehre zur Meßlatte legitimen Strafrechts machen.

---

16 Diese – gebräuchliche – Formulierung vom »geschützten« Rechtsgut ist ungenau, soweit er impliziert, dass der Schutz durch Strafrecht (eine empirische Feststellung) nachgewiesen ist. Realistischer sollte die Rede sein von einem »angestrebten« und nicht erkennbar zum Scheitern verurteilten Schutz. Vgl. ausführlicher *Prittwitz*, Risikogesellschaft und Strafrecht, in Neumann/Prittwitz (Hrsg.), Kritik und Rechtfertigung des Strafrechts, 2005, 131 ff. (151–160).

17 Vgl. die Nachweise bei *Roxin*, a.a.O., § 2 Rn. 120, dort Fn. 169.

18 *Hassemer*, Nomos Kommentar zum StGB, 1. Aufl., Rn. 273 vor § 1.

2. Kritik

Gegen diesen Ausgangspunkt wird – in den an Deutlichkeit nicht zu übertreffenden Formulierungen *Schünemanns* – bekanntlich eingewandt, die personale Rechtsgutslehre führe zu einer – letztlich als »atavistisch« und sogar »pervers« zu bezeichnenden Falschakzentuierung bei der Bestimmung des legitim durch Strafrecht Schützenswerten: Denn legitim sei nach dieser Lehre zwar der Schutz der »Ausbeutungsinteressen der gerade lebenden Individuen«, nicht umfasst sei dagegen der Schutz künftiger Generationen gegen die Verschleuderung der gemeinsamen und begrenzten Ressourcen; schützenswert erscheine noch die »albernste Laune des egoistischen Individuums«, nicht dagegen die »Existenzbedingungen der künftigen Generationen«.[19]

Was ist von diesem Vorwurf zu halten, ist die personale Rechtsgutslehre tatsächlich die Visitenkarte einer Generation »egoistischer Individualisten«, die sich um die heute lebenden Täter und Opfer kümmern, denen aber die »Opfer von morgen« gleichgültig sind? Der in dieser Kritik steckende Vorwurf, eine freiheitlich-individualistische Position sei verkommen zu einem hedonistischen Egoismus, schmerzt, wenn er trifft. Das gilt erst recht, wenn er nicht in den drastischen und kampfeslustigen Formulierungen *Schünemanns,* sondern in den todernsten Mahnung *Günter Stratenwerths,* die Zerstörung der Grundlagen künftigen Lebens sei abzuwenden, vorgebracht wird. Aber trifft der Vorwurf überhaupt?

III.

1. Keine Rolle für die »Opfer von morgen« in der personalen Rechtsgutslehre

Es lässt sich kaum leugnen, dass die Analyse, die personale Rechtsgutslehre sehe keinen Platz für die »Opfern von morgen« vor, zutrifft: Die zukünftigen Generationen und ihre Existenzbedingungen spielen in den Erörterungen der Vertreter einer personalen Rechtsgutslehre und auch speziell bei *Hassemer* keine – und erst recht keine tragende – Rolle.

---

19 Alle Zitate (hier komprimiert, aber ohne den von *Schünemann* ersichtlich beigemessenen Sinn zu verändern) bei: *Schünemann,* GA 1995, 201 (205-207).

Anknüpfend an die oben schon zitierten Formulierungen geht es um den Schutz menschlicher Interessen einerseits vor Verletzung durch den Normbrecher, andererseits bei der Bewältigung und Verarbeitung des Konflikts, der durch den Normbruch entstanden ist.[20] Beides bezieht sich – wie mir scheint – ersichtlich auf real lebende Personen.

Konkretisiert und verdeutlicht wird diese Grundeinstellung, wenn das Umweltstrafrecht als Ergebnis »moderner« Kriminalpolitik insofern bezeichnet wird, als hier die »Wirkungskraft des Strafrechts für die Lösung gesellschaftlicher Probleme, verbunden mit Neukriminalisierungen *außerhalb eines Täter-Opfer-Bereiches*«[21] behauptet wird. Auch die Formulierung, im Umweltstrafrecht werde das »*opfer- und rechtsgutsorientierte* Kernstrafrecht« relativiert durch Umweltpolitik lediglich flankierende Strafrechtsadditionen[22], passt in diese Sichtweise.

Nichts grundsätzlich anderes ergibt sich im übrigen, wenn man berücksichtigt, dass (und wie!) die personale Rechtsgutslehre Rechtsgüter der Allgemeinheit anerkennt. Wenn etwa als Rechtsgut der Urkundsdelikte nicht die »Sicherheit des Rechtsverkehrs«, sondern die Interessen der am Rechtsverkehr teilnehmenden Menschen an der Integrität der Beweismittel benannt wird, [23] und wenn als Rechtsgut der Umweltstraftatbestände nicht die Umwelt als solche, sondern nur die Umwelt »als Ensemble menschlicher Lebensbedingungen« gesehen wird[24], dann wird man das im Rahmen einer personalen Rechtsgutslehre, deren Wert darin liegt, »gewichtiger Argumentationstopos für eine eher am Menschen orientierte, eher durchsichtige und nachprüfbare Kriminalpolitik und Strafrechtsanwendung zu sein«,[25] so verstehen müssen, dass mit »Menschen« die jetzt lebenden Menschen gemeint sind.[26]

---

20 *Hassemer*, Nomos Kommentar zum StGB, 1. Aufl., 1995, Rn. 310 vor § 1.

21 Hier zitiert nach: Freiheitliches Strafrecht, 2001, S. 241: Hervorhebung: C. P.

22 A.a.O; Hervorhebung: C. P.

23 *Hassemer/Neumann*, Nomos Kommentar zum StGB, 2. Aufl., 2005, Rn. 134 vor § 1.

24 A.a.O., Rn. 136.

25 A.a.O., Rn. 146.

26 Jedenfalls, wenn anderes nicht ausdrücklich klargestellt wird, wie etwa bei *Lackner/Kühl*, StGB, 25. Aufl., 2004, Rn. 7 vor § 324, wo es heißt: »Die Umwelt ist nicht Schutzgut um ihrer selbst willen, sondern in ihrer Funktion, dem Menschen *der Gegenwart* humane Lebensbedingungen ... zu erhalten und sie auch *für zukünftige Generationen zu gewährleisten*.« (Hervorhebungen: C. P.).

Steht damit fest, dass die personale Rechtsgutslehre als Ausgangspunkt den jetzt lebenden Menschen nimmt, wird die Frage vordringlich, wie diese Fokussierung zu verstehen und ob sie zu kritisieren ist.

2. Unterlassungssünde, Lücke oder Kainsmal?

Fragt man nach den Gründen dafür, warum eine konsequent durchgehaltene personale Rechtsgutslehre keinen Platz für die »Opfer von morgen« vorsieht, dann drängt sich zunächst die Erklärung auf, dass es sich schlicht um eine »unvorsätzliche« und auch »nicht vorwerfbare« Lücke handelt, die sich der Geschichte der Rechtsgutsdiskussion verdankt. Bedenkt man nämlich die strafrechtstheoretische und kriminalpolitische Funktion der Rechtsgutslehre, die sich gegen ein Strafrecht erhebt,

- das »willkürliche, rein ideologisch motivierte ... Strafgesetze« umfasst,
- das »gesetzliche Zielvorstellungen« nur umschreibt
- das »Unmoral, Unsittlichkeit oder sonstige Verwerflichkeit eines Verhaltens« zum Anlass der Pönalisierung nimmt,
- das auch den »Verstoß gegen die eigene Menschenwürde«,
- den »Schutz von Gefühlen« und
- die »bewusste Selbstschädigung« als Grund für eine Bestrafung anerkennt,
- das »überwiegend symbolische Strafrechtsnormen« enthält und
- auch in »Tabus« Rechtsgüter sieht,[27]

dann wird deutlich, dass eventuelle Rechtsgüter zukünftiger Generationen, nicht Gegenstand der Auseinandersetzung waren.

Unbeantwortet ist damit jedoch die naheliegende Anschlussfrage, warum die personale Rechtsgutslehre die später ins Blickfeld auch der Kriminalpolitik geratenen Interessen zukünftiger Generationen nicht in

---

27 Alle Zitate sind den Überschriften der Abschnitte I.–VIII in § 2 C von *Roxins* AT (Bd. 1, 4. Aufl., 2006, S. 18–27) entnommen. Diese Abschnitte führen in eindrucksvoller Zusammenfassung das unverändert bestehende kritische Potential der Rechtsgutslehre vor.

ihr Konzept integriert hat. Kann man darin tatsächlich eine Unterlassungssünde oder gar das »Kainsmal« einer egoistischen Generation erkennen, die sich um das Wohlergehen der nachfolgenden Generation nicht kümmert?

Wenig Überzeugungskraft besitzt zunächst *Bernd Schünemanns* harsche Kritik, die personale Rechtsgutslehre ergreife im Konflikt zwischen der »albernsten Laune des egoistischen Individuums« und den »Lebensbedingungen der künftigen Generationen« für erstere Partei.[28] Denn *Schünemann* verwendet als Gegenstand seiner Kritik der personalen Rechtsgutslehre nicht die Lehre, wie sie von ihren Anhängern entwickelt worden ist, sondern eine von ihm selber erfundene Karikatur dieser Lehre. Kein Wort findet sich – in diesem Zusammenhang – etwa zu den weitgehend konsentierten Voraussetzungen der Anerkennung strafrechtlich zu schützender personaler Rechtsgüter,[29] kein Wort auch zu der für diese Lehre wichtigen Funktion des Strafrechts, vorbildhaft Sozialkontrolle zu formalisierten und zu zivilisieren,[30] obwohl jeder dieser Bausteine der Lehre ausschließt, dass »die Launen« der »egoistischen Individuen« strafrechtlichen Schutz erfahren. Diese überpointierten Argumente erweisen sich also als bloßer rhetorischer Übermut und kriminalpolitische Kampfeslust.

Nun könnte man aber immer noch behaupten, dass in einer Situation, in der durch technische Entwicklungen und ihre gesellschaftlichen Auswirkungen bewirkt – jedenfalls nach meiner Überzeugung – tatsächlich die Existenzbedingungen zukünftiger Generationen zum Teil vorsätzlich, zum teil leichtfertig gefährdet werden,[31] eine solche Konzentration auf die Interessen der lebenden Menschen »egoistisch« genannt werden kann. Aber diese kritische Kennzeichnung und wertende Zuschreibung setzt voraus, dass das Strafrecht etwas unterlässt, was es kann. Nur, wenn sie ihr Potential nur für sich nutzen will, den zukünftigen Generationen aber verweigern will, könnte von einem egoistischen Profil dieser Lehre die Rede sein.

---

28 Vgl. nochmals *Schünemann*, GA 1995, 201 ff. (207).

29 NK-*Hassemer/Neumann*, vor § 1, Rn. 146.

30 NK-*Hassemer/Neumann*, vor § 1, Rn. 149.

31 Vgl. den Ausgangspunkt *meiner* Untersuchung Strafrecht und Risiko (1993) zusammenfassend: *Prittwitz*, Risikogesellschaft und Strafrecht, in: Neumann/Prittwitz (Hrsg.), Kritik und Rechtfertigung des Strafrechts, 2005, S. 131 ff. (145 f.).

Davon kann aber keine Rede sein. Vielmehr spricht viel für die Untauglichkeit des Umweltstrafrechts als »Mittel zum Schutz unserer (und zukünftiger Generationen, Anm. C. P.) Lebens-Mittel«[32], ja sogar dafür dass dem geteilten Ziel sogar durch »symbolische Entgiftung« geschadet wird. Gerade eine folgenorientierte Strafrechtswissenschaft wird in Betracht ziehen, dass auch im »Strafrecht« gute Absichten schlechte Folgen haben können[33] und dass zudem unbeabsichtigte Folgen des Strafrechtseinsatzes die beabsichtigten dominieren könnten.

Es ist also letztlich die Bescheidung mit dem, was das Strafrecht (vielleicht) kann, welche dafür sorgt, dass die »Opfer von morgen« nicht im Zentrum des Interesses der personalen Rechtsgutslehre steht. Und es zeugt gerade nicht von egoistisch-hedonistischem, sondern von altruistisch-idealistischem Ausgangspunkt, wenn man sich Sorgen macht, ob unter dem Druck, gesellschaftliche Megaprobleme von heute und morgen zu lösen, die Potenz des personalen Rechtsgutskonzepts verloren gehen könnte, nämlich gewichtiger »Argumentationstopos für eine am Menschen orientierte, (transparente) und nachprüfbare Kriminalpolitik und Strafrechtsanwendung zu sein.«[34]

3. Ergänzungsbedarf?

Es bleibt die Frage, ob für die Vertreter der personalen Rechtsgutslehre Ergänzungsbedarf bezüglich des Schutzes möglicher »Opfer von morgen« besteht. Die Frage liegt durchaus nahe, weil für eine Lehre, die – auffallend im Vergleich zu anderen strafrechtslegitimierenden Lehren – explizit die Interessen der Menschen in den Vordergrund stellt, der Schritt, auch die Interessen zukünftiger Menschengenerationen zu schützen, logisch erscheint.

In der Tat hat *Claus Roxin*, der bekanntlich einem personalen Rechtsgutsbegriff grundsätzlich zustimmt, Universalrechtsgüter also deswegen anerkennt, weil und soweit damit dem »einzelnen Staatsbürger« gedient

---

32 *Hassemer*, Freiheitliches Strafrecht, 2001, S. 239.

33 Programmatisch aufgegriffen im Titel (»Vom Guten, das noch stets das Böse schafft«, 1993) der zu Ehren von *Herbert Jäger* publizierten kriminalwissenschaftlichen Essays.

34 *Hassemer*, Nomos Kommentar zum StGB, 1. Aufl., 1995, Rn. 289 vor § 1.

werde,[35] in der vollständig neu bearbeiteten vierten Auflage seines Lehrbuches seinem Bekenntnis zu einer (personalen) Rechtsgutslehre einen umfangreichen neuen Abschnitt angefügt, in dem er für eine »Erweiterung des strafrechtlichen Regelungsbereichs über den Rechtsgüterschutz hinaus«[36] plädiert. Diese Erweiterung soll den Embryonenschutz,[37] den Schutz von Tieren und Pflanzen (über ihren Schutz als Voraussetzung *menschlichen* Lebens hinausgehend)[38] und schließlich den Schutz zukünftiger Generationen[39] betreffen.

Generell begründet wird diese Erweiterung des strafrechtlichen Regelungsbereichs von *Roxin* damit, die ausschließliche Begrenzung auf den Rechtsgüterschutz werde den »Anforderungen an ein modernes Strafrecht nicht mehr ganz gerecht«.[40] Es sei auch nicht erstaunlich, dass ein Strafrecht, dessen Grundlagen »bald 300 Jahre alt« seien, die Probleme nicht lösen könne, welche die Entwicklung von Wissenschaft, Technik und Industrie geschaffen habe.

Nicht zu bezweifeln ist natürlich, dass es solche neuartigen Probleme gibt. Aber die Existenz der Probleme und auch die Anerkennung ihrer Dringlichkeit[41] stellt gerade noch kein Argument für ihre Lösung *durch Strafrecht* dar. Man muss vielmehr in einem ersten Schritt, Stichwort für Stichwort, prüfen, ob und woraus sich eine materielle Rechtfertigung ergibt, den strafrechtlichen Regelungsbereich zu erweitern. In einem zweiten Schritt muss sich dann die Frage anschließen, ob das Legitimationspotential der personalen Rechtsgutslehre Schaden nimmt, wenn man sich – in den Worten *Roxins* – zu einer notwendigen »Erweiterung des strafrechtlichen Regelungsbereichs über den Rechtsgüterschutz hinaus«[42] bekennt.

---

35 *Roxin*, Strafrecht AT/1, 4. Aufl., 2006, § 2 Rn. 11.

36 *Roxin*, Strafrecht AT/1, 4. Aufl., 2006, § 2 Rn. 51–59.

37 A.a.O., § 2 Rn. 52–54.

38 A.a.O., § 2 Rn. 55 f.

39 A.a.O., § 2 Rn. 57–59.

40 A.a.O., § 2 Rn. 51.

41 Vgl. schon meine Auseinandersetzung mit *Schünemanns* Position in: Hefendehl (Hrsg.), Empirische und dogmatische Fundamente, kriminalpolitischer Impetus, 2005, S. 287 ff., 294 f.

42 A.a.O., § 2 Rn. 51–59.

a) Das Plädoyer für Embryonenschutz durch Strafrecht

Fragt man, warum genau es »für das Strafrecht eine weithin noch zu lösende neue Aufgabe (ist), die Existenz des Embryos als ein dem geborenen menschlichen Leben sich annäherndes Rechtsgut zu erfassen und seinen Schutz ... auszugestalten«[43], dann wird zunächst darauf verwiesen, dass sich die Frage eines möglicherweise strafrechtlichen Schutzes überhaupt erst stellt aufgrund bestimmter technisch-naturwissenschaftlicher Fortschritte.[44] Dem wird man kaum widersprechen können. In einem zweiten Schritt wird, allerdings ohne Differenzierung zwischen *generellem* und *strafrechtlichem* Schutz und auch ohne Differenzierung zwischen Schutz*würdigkeit* und Schutz*bedürftigkeit*, dargelegt, warum die technisch-naturwissenschaftliche Entwicklung flankierenden Schutz nach sich ziehen muss. Auch das hier Vorgebrachte leuchtet – jedenfalls bezogen auf die generelle Schutzwürdigkeit und Schutzbedürftigkeit ein: schutz*würdig* soll der Embryo sein, weil er »als Vorform des menschlichen Lebens bis zu einem gewissen Grad in dessen Schutzbereich fällt«[45], und die Schutz*bedürftigkeit* ergebe sich aus den erkennbaren Gefahren: Dem Embryo als sich zu menschlichem Leben Entwickelndem droht Gefahr, weil man ihn »zu Forschungszwecken herstellen und verbrauchen«[46] kann, ihm droht aber auch Vernichtungsgefahr, soweit schon im Embryonalstadium erkannt wird, dass der sich aus dem Embryo entwickelnde Mensch Träger einer Erbkrankheit sein wird. Schließlich droht dem Embryo die weitere Gefahr, als bloße Reproduktion eines schon lebenden Menschen existieren zu müssen.[47] In einem weiteren Schritt wird dargelegt, warum der für nötig gehaltene strafrechtliche Schutz nicht ohne Erweiterung des strafrechtlichen Regelungsbereichs über den Rechtsgüterschutz hinaus zu haben ist: »Da Embryonen noch keine Menschen sind, wird die Koexistenz der schon lebenden Menschen durch das, was man mit Embryonen anstellen kann, nicht unmittelbar tangiert.«[47]

43 *Roxin*, Strafrecht AT/1, 4. Aufl., 2006, § 2 Rn. 54.

44 A.a.O., § 2 Rn. 52.

45 A.a.O., § 2 Rn. 53.

46 A.a.O., § 2 Rn. 52.

47 A.a.O., § 2 Rn. 53.

b) Das Plädoyer für den strafrechtlichen Schutz von Tieren und Pflanzen

Weitgehend parallel argumentiert *Claus Roxin,* soweit es um den strafrechtlichen Schutz *jenseits* ihrer Eigenschaft als »Voraussetzung gesicherten menschlichen Zusammenlebens« geht. Per definitionem versage hier die Legitimation durch die herkömmliche (also personale) Rechtsgüterschutzlehre, und neu stelle sich das Schutzproblem, weil frühere Menschengenerationen technisch-naturwissenschaftlich noch nicht über das Zerstörungspotential der Menschen des 20. und 21. Jahrhunderts verfügten. Ein neues Begründungselement wird allerdings sichtbar, wenn *Roxin* die materielle Schutzwürdigkeit deswegen bejaht, weil »wir als ›Herren der Schöpfung‹ ... auch die Verantwortung für sie tragen (sollten)«.[48]

c) Das Plädoyer für den Schutz künftiger Generationen

Ressourcenraubbau, Klimazerstörung und andere Schandtaten mögen, so *Roxin,* der »lebenden Generation noch nicht unmittelbar schaden«, der strafrechtliche Schutz sei daher nicht mit der personalen Rechtsgutslehre legitimierbar, die Schutzbedürftigkeit, bzw. die Gefährdung der Lebensgrundlagen der zukünftigen Generationen stehe aber außer Zweifel; daher müsse strafrechtlicher Schutz gewährt werden, weil »die Solidarität mit unseren Nachfahren und unsere Schutzpflicht ihnen gegenüber gebieten ..., die Verantwortung dafür zu übernehmen, dass auch ihnen die Voraussetzungen eines menschenwürdigen Lebens erhalten bleiben.«[49]

d) Stellungnahme

Es fällt zunächst durchaus schwer, sich diesen Plädoyers zu entziehen. Wer fühlt sich schon wohl angesichts mehr oder weniger leichtfertig »verbrauchter« und vernichteter Embryos, einer sich immer deutlicher abzeichnenden radikalen Verminderung der Artenvielfalt und einer Menschengeneration, die mit ihrer natürlichen Umwelt und ihren Res-

48 *Roxin,* Strafrecht AT/1, 4. Aufl., 2006, § 2 Rn. 55.

49 A.a.O., § 2 Rn. 57.

sourcen umgeht, als wüsste sie schon, dass »nach ihr die Sintflut« kommt. Aber gerade die Eindringlichkeit des Appells muss zur Vorsicht und zum nüchternen Umgang mit Strafrecht mahnen. Denn diese seine Eindringlichkeit kommt nicht zuletzt daher, dass es sich nicht um (ferne) Gefahren handelt, sondern weitgehend um die Beschreibung von reellen Entwicklungen: Embryos *werden* verworfen und vernichtet, die Artenvielfalt *hat* in den letzten Jahren drastisch abgenommen, und der Ressourcenraubbau und Umwelt- und Klimazerstörung *passiert* täglich. Ein weiteres kommt hinzu: Die Eindringlichkeit bezieht ihre Überzeugungskraft letztlich aus der Tatsache, dass alle diese Phänomene, teils erklärtermaßen angestrebt (Embryonen), teils als Kollateralschäden bestimmter Rohstoffgewinnungs- oder Produktionsweisen (Artenvielfaltszerstörung, Ressourcenabbau, Klimaschädigung), ganz überwiegend durch *legale* menschliche Aktivitäten produziert werden. Macht man sich das bewusst, dann wird nicht nur die Aussichtslosigkeit des Unterfangens sichtbar, »Zukunftssicherung mit den Mitteln des Strafrechts«[50] zu betreiben, sondern auch seine Nähe zu Strafrechtsschutzversuchen, die von der personalen Rechtsgutslehre zu Recht abgelehnt werden. Bei den Versuchen, das Strafrecht für diese von mir überwiegend geteilten Ziele, einzuspannen, darf nicht übersehen werden, dass vor jeder Diskussion eventuell strafrechtlichen Schutzes, eindeutige staatliche und gesellschaftliche Entscheidungen stehen müssen, die Schutzbedürftigkeit und Schutzwürdigkeit anzuerkennen – und zwar auch dann, wenn dieser Schutz in Konflikt gerät mit dem technisch-naturwissenschaftlichen Fortschritt, mit bestimmten das Wirtschaftswachstum (wirklich oder vermeintlich) garantierenden Produktionsweisen, mit vertrautem Wohlstand. Ist das nicht der Fall, dann handelt es sich um zum Scheitern verurteilte Kreuzzüge.

Jenseits dieser konkreten Kritik ist aber aus Sicht der personalen Rechtsgutslehre ein weiteres hervorzuheben: Wenn es richtig ist, dass das kritische Potential dieser Lehre nicht darin liegt, dass durch sie trennscharf der Bereich legitimen von illegitimen Strafrechts abgegrenzt wird, sondern darin, dass mit ihr ein Argumentationstopos zur Verfügung gestellt wird, der einen Beitrag dazu leistet, dass nicht ohne weiteres populistische Forderungen, religiöse oder weltanschauliche Erkenntnisse, politische Interessen in Strafrechtsnormen übersetzt werden, die in *jedem Fall* in das Leben konkreter Menschen eingreift, dann verbietet sich

50 *Stratenwerth*, ZStW 105 (1993), 679 ff.

a limine die von *Roxin* für notwendig gehaltene »Erweiterung des strafrechtlichen Regelungsbereiches über den (personalen[51]) Rechtsgüterschutz hinaus.«[52] Wenn mit guten Gründen behauptet werden kann, dass die Legitimität von Strafrechtsnormen davon abhängt, dass sich eine (unvermittelte oder vermittelte) Schutzfunktion zugunsten personaler Rechtsgüter argumentativ darstellen lässt, dann zerstört jede Erweiterung des strafrechtlichen Regelungsbereiches, die sich explizit vom Schutz personaler Rechtsgüter entfernt, *grundsätzlich und theoretisch* das Legitimationspotential dieser Lehre.

Weit ungefährlicher und aussichtsreicher erscheint es dagegen, in den oben beschriebenen Bereichen für die Legitimität flankierenden Strafrechtsschutzes mit dem Argument zu streiten, dass – wiederum vermittelt oder unvermittelt – personale Rechtsgüter zur Debatte stehen. Das lässt sich bezüglich aller drei Beispielsbereiche darstellen, wenn man – übrigens in völliger Übereinstimmung mit dem real existierenden Strafgesetzbuch – das legitime Strafrecht nicht auf den Schutz der »*Existenz* der lebenden Menschen« beschränkt, sondern die »*Interessen* menschenwürdig und verantwortlich lebender Menschen« zum Bezugspunkt nimmt. Zuzugeben ist sofort, dass hier kein trennscharfes Merkmal angeboten wird. Aber im Bereich der Legitimierung von Strafrecht geht es nicht um subsumierbare Begriffe, sondern um Argumentationsfiguren, die im gesellschaftlichen Konsens zu diesem oder jenem Ergebnis führen. Insofern ist die »Person« der personalen Rechtsgutslehre ein Begriff, der nicht zu eng definiert werden darf, wenn er die notwendige Debatte um die Grenzen legitimer Strafrechtsnormen nicht behindern will.

IV.

Die »Opfer von morgen« haben für sich genommen keinen Platz im Legitimationsdiskurs des Strafrechts. Weder eine umweltpolitische Avantgarde noch eine religiös begründete Verantwortlichkeit für die Schöpfung kann für sich genommen daran etwas ändern. Solcher Distanzierungen von der personalen Rechtsgutslehre bedarf es aber gar nicht, wenn man sich bewusst macht, *wie* (und wie begrenzt) eine solche Lehre

---

51 M. E. nicht sinnentstellende Hinzufügung zu dem Roxin-Zitat: C. P.

52 *Roxin*, a.a.O., § 2 vor Rn. 51.

die Strafrechtslegitimität schützen kann. Eine Gesellschaft, der menschliche Embryonen gleichgültig sind und die zu Lasten der Umwelt und der nachkommenden Generationen Raubbau betreibt, wird sich durch ein Strafrecht nicht vom falschen Weg abbringen lassen; erst recht nicht, wenn sich das Strafrecht von den vorherrschenden (politischen und rechtlichen) Wertungen der Gesellschaft entfernt. Strafrecht kann vielleicht, wie ich versucht habe, *Bernd Schünemann* ins Stammbuch zu schreiben, ökologische oder auch andere Revolutionen begleiten, aber sie nicht eröffnen und erst recht nicht ersetzen; das gilt auch für die weniger revolutionär als verführerisch einladend klingenden Aufgaben, die *Claus Roxin* neuerdings dem Strafrecht zuschreiben will. *Winfried Hassemer* muss man vor solchen Strafrechtsüberforderungen nicht warnen: Seine scheinbar bescheidenere Vision eines menschengerechten (d.h. die Interessen der beteiligten *lebenden* Personen ernstnehmenden und schützenden) Strafrechts und Strafprozesses, dürfte angesichts der realen kriminalpolitischen Entwicklungen dürfte am Ende das ehrgeizigere Projekt darstellen.

Das Rechtsgut der Körperverletzungsdelikte und seine Verletzung.

Zugleich ein Beitrag zur strafrechtlichen Bewertung des ärztlichen Heileingriffs

Ulrich Schroth

Große Teile der Strafrechtswissenschaft behaupten, der *erfolgreich,* wenn auch eigenmächtig durchgeführte Heileingriff dürfe nicht unter die §§ 223 ff StGB subsumiert werden. Hierfür wird angeführt, dass beim erfolgreich durchgeführten Heileingriff keine Gesundheitsschädigung vorliege, jedenfalls, wenn man den Heileingriff insgesamt betrachtet.[1] Strafrechtsdogmatisch könnte man dann formulieren: Es fehlt am *Erfolgsunrecht.*

Andere Stimmen in der Strafrechtswissenschaft sind der Auffassung, die §§ 223 ff StGB könnten nicht erfüllt sein, wenn ein Arzt in einem konkreten Fall nach den Regeln der medizinischen Wissenschaft verfährt, also *lege artis* handelt.[2] Argumentiert wird damit, dass eine kunstgerecht durchgeführte Handlung, die auf Wiederherstellung des körperlichen Wohls angelegt ist, das genaue Gegenteil einer Gesundheitsschädigung bzw. einer Misshandlung sei. Pointiert hat das *Binding* schon im Jahre 1902 ausgedrückt: »Von jeher hat das Wundenheilen den löblichen Gegensatz zum Wundenschlagen gebildet.«[3] Selbst bei einer Verschlechterung des Gesundheitszustandes sei dann keine Körperverletzung anzunehmen, da der Eingriff weder als Misshandlung noch als Gesundheitsschädigung gedeutet werden könne. Würde man eine Körperverletzung annehmen wollen, müsste man doch sagen, dass der Arzt, der eine Heilbehandlung *lege artis* durchführt, keinen Körperverletzungsvorsatz hat. Er handelt auch nicht fahrlässig, weil keine Sorgfaltswidrigkeit

---

1 LK-*Lilie,* § 223 Rn. 18 und Vor § 223 Rn. 3, mit zahlreichen Nachweisen; ein Überblick zu den argumentativen Grundlinien der hL in Schönke/Schröder-*Eser,* StGB, 27. Aufl. 2006, § 223 Rn. 30 und *Kindhäuser,* StGB, Lehr- und Praxiskommentar (LPK-StGB), 2. Aufl. 2005, § 223 Rn. 7 ff.

2 *Tröndle/Fischer,* § 223 Rn. 11; LK-*Lilie,* Vor § 223 Rn. 5 m.w.N.

3 *Binding,* Lehrbuch des Gemeinen Deutschen Strafrechts, BT 1, 2. Aufl. 1902, S. 56.

vorliegt.[4] Eine Ausnahme von dieser Regel wird teilweise angenommen, wenn beim medizinischen Heileingriff eine Amputation durchgeführt werden muss. So soll selbst die notwendige und auch korrekt durchgeführte Amputation unter die Körperverletzungstatbestände subsumiert werden, wenn und soweit sie eigenmächtig erfolgt. Sie ist nur dann legitimiert, wenn der Patient nach Aufklärung in diese eingewilligt hat.[5]

Die deutsche Rechtsprechung sieht dies seit der Entscheidung des Reichsgerichts von 1894 anders: *Jede* ärztliche Behandlungsmaßnahme, die die Körperintegrität beeinträchtigt, auch die dringend notwendige, erfüllt zunächst einmal die Tatbestände, die die Körperintegrität schützen.[6] Das Reichsgericht wollte so die Patientenautonomie absichern. Nur aus der autonomen Entscheidung des Patienten vermag der Heileingriff seine Legitimation zu erfahren. Soweit eine Entscheidung nicht einholbar ist, können selbstverständlich andere Grundsätze den ärztlichen Heileingriff als rechtmäßig begründen. Die mutmaßliche Einwilligung ist ein derartiger Grund.

Eberhard Schmidt hat dieser Bewertung des ärztlichen Heileingriffes nicht viel abgewinnen können. Er stellte die These auf, dass mit einer solchen Klassifizierung das Arzt-Patienten-Verhältnis nicht angemessen beurteilt würde. Vielmehr geht – nach seiner Auffassung – eine derartige Bewertung von einem rein kausalen Handlungsbegriff aus. Die Heilbehandlung des Arztes wird dann als kausales Wundschlagen angesehen.[7]

Bevor auf die Frage eingegangen wird, welche Auffassung angemessen ist, sollen noch einige Bemerkungen zur materiellen Legitimation von Strafrechtsnormen dargestellt werden.

Der These, dass Strafrecht dem Rechtsgüterschutz dient, stimmt die herrschende Meinung in der Strafrechtswissenschaft zu.[8] Damit soll gesagt werden, dass Strafrecht es immer mit der Aufgabe einer gerech-

---

4 Vgl. LK-*Lilie*, Vor § 223 Rn. 5.

5 Vgl. hierzu Schönke/Schröder-*Eser*, § 223 Rn. 27 ff.

6 RGSt 25, 375; in der Folge vgl. etwa BGHSt 11, 111 ff., BGHSt 35, 246 ff.

7 Vgl. *Eberhard Schmidt*, Gutachten für den 44. Deutschen Juristentag, 1962, S. 45; dazu auch sehr umfassend: *Kargl*, Körperverletzung durch Heilbehandlung, GA 2001, S. 538 ff.

8 Zum Rechtsgüterschutz grundlegend *Hassemer*, Theorie und Soziologie des Verbrechens, 1980. Ein kurzer Überblick bei *Wessels/Beulke*, AT, § 1 Rn. 4, 6. Vgl. auch Schönke/Schröder-*Lenckner/Eisele*, Vor § 13 Rn. 9.

ten Strafwürdigkeitsbestimmung zu tun hat. Zentrales Kriterium für eine angemessene Strafwürdigkeitsbestimmung ist, dass Strafrechtsnormen dem Schutz von Gütern dienen müssen, die rechtliche Relevanz haben. Für eine gerechte Strafwürdigkeitsbestimmung ist es zentral, dass ein Verbrechen mehr ist als nur eine Pflichtverletzung oder Moralwidrigkeit. Tatbestände dürfen nur sozialschädliches Verhalten unter Strafe stellen. Geht man, wie der Jubilar, von einer personalen Rechtsgutslehre aus, so ist es immer nur zulässig, Güter zu schützen, die der Person, im weitesten Sinne, dienen.[9] Strafrechtliche Tatbestände sind nur dann legitim, wenn Interessen, die für Menschen wichtig sind, geschützt werden.

Nach dem Verständnis der personalen Rechtsgutslehre sind Individualrechtsgüter die Prototypen des strafrechtlichen Rechtsgüterschutzes.[10] Das Leben, die körperliche Integrität, das Eigentum etc. müssen strafrechtlich geschützt werden. Universalrechtsgüter sind als Gegenstand von strafrechtlichen Tatbeständen nur dann legitim, wenn sie auch der Selbstverwirklichung des Einzelnen – im weitesten Sinne – dienen. Zum Begriff des Individualrechtsguts gehört, dass der Einzelne im Regelfall über seine Güter disponieren darf. Er wird in seinen Individualrechtsgütern geschützt; ihm wird aber auch die Befugnis zugestanden, auf den Schutz zu verzichten.

Das Rechtsgut ist nicht nur ein erster Schritt zur Begründung der Strafwürdigkeit.

Ihm kommt auch für das Verständnis der Tatbestände kriminalpolitische Bedeutung zu. Das Rechtsgut steckt den Rahmen des Strafwürdigen ab und bestimmt den Umfang der unter den Tatbestand fallenden Verletzungshandlungen.

Was ist nun das Rechtsgut, das Schutzwürdige der Körperverletzungsdelikte?

Die Körperverletzungstatbestände schützen, so wird häufig formuliert, die körperliche Unversehrtheit eines Anderen.[11] Sie schützen nicht die Leibesfrucht. Geschützt ist die andere Person erst ab Einsetzen der Eröffnungswehen bei der Mutter. Soweit die Leibesfrucht beeinträchtigt wird und gleichzeitig eine Verletzung der Mutter vorliegt, greifen die Körperverletzungsdelikte nur im Hinblick auf die werdende Mutter.

9 NK-*Hassemer/Neumann*, 2. Aufl. 2005, Vor § 1 Rn. 142 ff.

10 Vgl. dazu NK-*Hassemer/Neumann*, Vor § 1 Rn. 126 ff.

11 Vgl. etwa *Lackner/Kühl*, § 223 Rn. 1; LK-*Lilie*, Vor § 223 Rn. 1.

Vertreten wird auch die Auffassung, dass das Rechtsgut die körperliche Unversehrtheit, aber auch das Selbstbestimmungsrecht sei.[12] Eine weitere Antwort, die gegeben wird, lautet, Schutzgut sei das körperliche Wohl des Menschen in seiner körperlichen Integrität und Gesundheit.[13] *Kargl* betrachtet als Rechtsgut der Körperverletzungsdelikte nicht nur die körperliche Unversehrtheit, sondern auch die körperliche Unberührtheit.[14]

Lange Zeit wurde der Begriff der körperlichen Unversehrtheit, auf den auch der Gesetzgeber abstellt, als völlig klar eingestuft. Einhergehend mit den Entwicklungen der neuen Medizin ist dieser Begriff aber problematisch geworden. Die Medizin hilft Menschen heute durch ein umfangreiches »Ersatzteilangebot«:[15] Prothesen, die amputierten Personen mit großem technischen Aufwand neue Freiheitsmöglichkeiten verschaffen, wurden entwickelt. Herzkranken kann mit Herzschrittmachern geholfen werden. Personen, die in der Sprechmotorik gestört sind, gewinnen über technische Apparaturen ihre Kommunikationsfähigkeit zurück. Über Eigenblutspenden kann der Arzt helfen. Organe, Organteile und Gewebe helfen Personen beim Überleben oder lindern jedenfalls das Leid.

Mit der Existenz dieses »Ersatzteilangebots« taucht die Frage auf: Ist eine Beeinträchtigung oder Zerstörung dieser Ersatzteile, etwa von Prothesen oder von noch nicht eingepflanzten Organen, als Körperverletzung strafbar?

Körperverletzungsdelikte schützen den Einzelnen in seiner körperlichen Integrität. Sie schützen ihn nicht in seiner Rolle als Eigentümer von »etwas«. Der Eigentumsschutz im Strafrecht ist Kontrastprogramm zum Schutz der Person in ihrer körperlichen Unversehrtheit.[16]

---

12 Vgl. etwa *Tag*, Der Körperverletzungstatbestand im Spannungsfeld zwischen Patientenautonomie und lex artis, S. 68.

13 Vgl. etwa NK-*Paeffgen*, § 223 Rn. 2; Schönke/Schröder-*Eser*, § 223 Rn. 1.

14 *Kargl*, GA 2001, S. 538, 552.

15 Deutlich wurde dies etwa an der Sonderausstellung »Leben mit Ersatzteilen«, die im Deutschen Museum in München bis Dezember 2005 zu sehen war.

16 In diesem Sinne auch LK-*Lilie*, Vor § 223 Rn. 1, vor Fn. 4. Anders *Freund/Heubel*, Medizinrecht (MedR) 1995, S. 198 Fn. 22, welche einen kumulativen Schutz für möglich halten.

Unterschieden werden muss danach, ob die Ersatzteile fest mit dem Körper verbunden sind oder nicht.[17] Liegt eine feste Verbindung mit dem Körper vor, bilden die Ersatzteile mit dem Körper eine Einheit. Sie sind Körperbestandteile und nicht etwa das Eigentum der Person. Klar ist damit, dass implantierte künstliche Zähne, Herzschrittmacher, Hüftgelenke oder fest eingesetzte sonstige Prothesen durch die Körperverletzungsdelikte geschützt sind. Ihre Zerstörung oder Beeinträchtigung ist dann eine Verletzung der körperlichen Integrität und keine Eigentumsverletzung. Es liegt eine körperliche Misshandlung vor.

Sind aber Körperprothesen abgetrennt, nicht direkt mit dem Körper verbunden, abnehmbar, so stehen sie im Eigentum desjenigen, der sich ihrer bedient. Der Schutz vor Beeinträchtigungen dieser Körperprothesen ist dann »nur« über die Eigentumsdelikte gewährleistet. So wird etwa das künstliche Gebiss, das nicht fest mit dem Körper verbunden ist, nur als Eigentum der Person geschützt.[18]

Das gleiche gilt für Organe. Sind sie noch nicht übertragen und kommt es zu einer Zerstörung oder Verletzung, so kann diese nicht unter die Körperverletzungsdelikte subsumiert werden. Sie stehen dann im Verfügungsrecht einer anderen Person, sind Verkehrsgut und noch nicht Teil eines Körpers. Sobald sie, auch nur rudimentär, mit dem Körper verbunden sind, muss dies anders beurteilt werden. Der Körper wird über die Körperverletzungsdelikte nur als System geschützt, das als Einheit funktioniert. Ab dem Zeitpunkt, in dem die Organe auch nur teilweise mit dem Körper verbunden sind, gehören sie zur Person und unterfallen nicht mehr dem Eigentumsschutz, sondern dem Körperverletzungsschutz.[19]

Nur eine derartige Betrachtungsweise erlaubt es, Sachverhalte gleichmäßig zu beurteilen. Geht man davon aus, dass die Zerstörung der abnehmbaren Armprothese eine Körperverletzung darstellt, so müsste Ähnliches auch für die Zerstörung des Rollstuhls gelten, mit dem sich ein Körperbehinderter fortbewegt.

---

17 Vgl. etwa NK-*Paeffgen*, § 223 Rn. 2.

18 A.A. *Freund/Heubel*, MedR 1995, S. 198.

19 Das Ergebnis ist auch insofern überzeugend, als andernfalls, d.h. wenn man nicht mit dem Körper verbundene Organe als zum Körper gehörig ansehen wollte, sogar die falsche Allokation eines Organs als Körperverletzung zu bewerten wäre.

Würde man aber die Zerstörung eines Rollstuhls als Körperverletzung ansehen, so wäre nicht nur der Wortlaut der Körperverletzungstatbestände weit überschritten, sondern es würde auch dem System der strafrechtlichen Bewertung nicht mehr Rechnung getragen werden.[20] Das Strafrecht kontrastiert den Eigentumsschutz und den Schutz der Körperintegrität einer Person. Damit ist klar, dass auch die Zerstörung von Eigenblutspenden, die Vernichtung von Follikeln oder Spermien im strafrechtlichen Sinne nicht unter die Körperverletzungsdelikte fallen können.[21] Rechtsgut der Körperverletzungsdelikte ist nur das »System Körper als Einheit«. Eigenblutspenden, Spermien, die zur Befruchtung vorgesehen sind, u. ä. stehen einer Person zu, gehören aber, auch wenn sie zur Verwendung vorgesehen sind, nicht zu dem »System Körper als Einheit«.[22] Die Verwendungsmöglichkeit für den Körper und für eigene Interessen begründet nicht das »System Körper als Einheit«[23].

Wann sollte man nun von einer Rechtsguts*verletzung* sprechen?

Zunächst stellt sich die Frage: Ist Körperverletzung durch Heilbehandlung möglich?[24] Wenn ja, muss die Frage beantwortet werden: Wann ist eine Heilbehandlung als Körperverletzung zu werten?

Einigkeit besteht darüber, dass die Körperverletzungsdelikte die körperliche Unversehrtheit schützen, einerseits vor Gesundheitsschädigungen und andererseits vor körperlichen Misshandlungen.

Eine Gesundheitsschädigung ist jedes »Hervorrufen oder Steigern eines vom Normalzustand der körperlichen Funktionen nachteilig abweichenden, pathologischen Zustandes«, gleichgültig auf welche Art und

---

20 So auch *Otto*, Jura 1996, S. 220.

21 Anders bzgl. § 823 BGB: BGHZ 124, 153. Zu Recht kritisch *Taupitz*, NJW 1995, S. 745.

22 Anders *Freund/Heubel*, MedR 1995, S. 198.

23 Ein (in der Praxis wohl selten anzutreffender) Grenzfall läge vor, wenn der soeben abgetrennte Finger etwa zerstört wird, um zu verhindern, dass er wieder angenäht wird. In dieser Konstellation kann man wohl eine Körperverletzung annehmen, da der gerade abgetrennte Finger noch zum System Körper gehört. In diesem Sinne will *Otto*, Jura 1996, S. 220 eine Körperverletzung auch dann annehmen, wenn die Beeinträchtigung eines vorübergehend vom Körper abgetrennten Körperteils zu einer späteren Beeinträchtigung des Körpers führt.

24 *Kargl*, GA 2001, S. 538 ff.

Weise er versucht wird und ob das Opfer dabei Schmerzen empfindet.[25] Klar ist, dass von einer Gesundheitsschädigung nur dann gesprochen werden sollte, wenn sich in verobjektivierter Form nachweisen lässt, dass der Täter eine Pathologie verursacht oder jedenfalls mit verursacht bzw. intensiviert hat.[26] Eine Pathologie ist aber bereits dann gegeben, wenn die klar identifizierbare Ursache von erheblichen Erkrankungen gelegt ist, so z.B. bei der Ansteckung mit einer schweren Infektionskrankheit wie AIDS: Wird einem Opfer das HI-Virus übertragen, liegt bereits eine Gesundheitsschädigung vor. Nicht erforderlich ist, dass Symptome, die erst bei fortgeschrittenem Krankheitsverlauf klinisch erkennbar werden, sogleich wahrnehmbar sind.[27]

Die These, dass auch die Herstellung *seelischer* Beeinträchtigungen als Gesundheitsschädigung zu werten ist, wird zu Recht überwiegend abgelehnt.[28] Der Gesetzgeber hat bewusst die Körperverletzungsdelikte mit »Straftaten gegen die *körperliche* Unversehrtheit« überschrieben.[29] Allerdings sind psychische Beeinträchtigungen dann als Gesundheitsschädigung anzusehen, wenn sie ein pathologisches Ausmaß erreichen und dieser pathologische Charakter sich in objektivierter Form feststellen lässt (Herbeiführen von Traumata, Angstschweiß etc.).

Die Misshandlungsalternative der Körperverletzungstatbestände hat die Funktion, unangemessene Behandlungen, auch wenn sie nicht zu einem pathologischen Zustand führen,[30] unter die Körperverletzungstatbestände subsumieren zu können. Die Idee des Gesetzgebers war es, den Rechtsgutsträger über den Pathologieschutz hinaus in seiner körperlichen Unberührtheit zu schützen. Wenn der Einzelne eine Ohrfeige erhält, so ist dies eine Körperverletzung; das Gleiche gilt für Bespucken und andere, ähnliche Beeinträchtigungen. Unstreitig ist freilich, dass eine gewisse Erheblichkeit vorliegen muss.[31]

---

25 Vgl. *Lackner/Kühl*, § 223 Rn. 5; Schönke/Schröder-*Eser*, § 223 Rn. 5; BGHSt 36, 1, BGHSt 43, 346, *Küper*, BT, S. 159.

26 BGHSt 48, 36 m.w.N.

27 Vgl. Schönke/Schröder-*Eser*, § 223 Rn. 7 m.w.N; LK-*Lilie*, Vor § 223 Rn. 10.

28 LK-*Lilie*, § 223 Rn. 15.

29 Dazu auch *Küper*, BT, S. 165.

30 *Tröndle/Fischer*, § 223 Rn. 3a.

31 Zum Kriterium der Erheblichkeit vgl. etwa NK-*Paeffgen*, § 223 Rn. 9 ff. und Schönke/Schröder-*Eser*, § 223 Rn. 4a.

Überwiegend wird die Misshandlung definiert als üble, unangemessene Behandlung des Körpers mit der Folge, dass sie das körperliche Wohlbefinden oder die körperliche Unversehrtheit namentlich durch Substanzverletzungen nicht nur unerheblich beeinträchtigt.[32] Es wird zumeist darauf hingewiesen, dass eine Schmerzzufügung nicht erforderlich ist.[33]

M. E. ist dies keine hinreichende Bestimmung des Begriffes der »körperlichen Misshandlung«. Diese Definition hat, wie bereits von *Kargl* dargelegt, ihren Grund in der Tatsache, dass unter dieses Merkmal einerseits Substanzverletzungen subsumiert werden sollten, die nicht zu Pathologien führen.[34] Nicht jede Ohrfeige hat ein Hämatom zur Folge, ist aber strafwürdig, da eben das Interesse an körperlicher Unberührtheit schutzwürdig ist. Andererseits wollte die Strafrechtswissenschaft den Rahmen, der über die Substanzverletzungen hinausgeht, eng begrenzen. Richtig ist an dieser Definition, dass eine Misshandlung vorliegen kann, wenn eine Substanzbeeinträchtigung gegeben ist, die nicht pathologischer Natur ist. Überzeugend ist auch, eine üble, unangemessene Behandlung des Körpers, wie etwa ein Bespucken als Körperverletzung, nämlich als Misshandlung, zu begreifen. Hier wird nicht nur beleidigt, sondern der Körper wird in völlig unangemessener Weise berührt und damit in seiner Integrität angegriffen.[35]

Darüber hinaus sollte es aber *auch* als Körperverletzung begriffen werden, wenn Kranke eigenmächtig therapiert werden und der Eingriff die Körpersphäre berührt, soweit die Berührung wesentliche Nebenwirkungen hat bzw. haben kann. Dabei ist es gleichgültig, ob dies in guter Absicht geschieht.

Die Gabe von Medikamenten, die die Magenschleimhaut angreifen können oder die zu allergischen Schocks führen können, die Bestrahlung des Körpers beim Röntgen mit Gammastrahlen, der chirurgische Eingriff, das Setzen von Spritzen – all diese Therapieformen muss der Patient selbst bestimmen können, da der Körper in gravierender Weise beeinträchtigt werden kann. Eingriffe in den Körper, die Nebenfolgen haben können, sind nur dadurch legitimiert, dass diejenige Person, die

---

32 LK-*Lilie*, § 223 Rn. 6.

33 Vgl. hierzu mit weiteren Literaturnachweisen umfassend *Küper*, BT, S. 227.

34 *Kargl*, GA 2001, S. 547 f.

35 Vgl. RGSt 32, 113; BGHSt 25, 277, 278; BGH NStZ 1986, 166; a. A. OLG Zweibrücken NStZ 1990, 541.

das Risiko trägt, sich für den Eingriff entscheidet.[36] Soweit Heileingriffe, die den Körper berühren, mit Nebenfolgen verbunden sind bzw. sein können, haben Patienten auch ein Interesse daran, hierüber selbst zu entscheiden. Dieses Interesse ist zentral und muss über die Körperverletzungstatbestände geschützt werden. Natürlich kann die Entscheidung auf den Arzt übertragen werden, sie ist aber zunächst einmal die Entscheidung des Patienten. Sieht man Wundenheilen als den löblichen Gegensatz zum Wundenschlagen an,[37] so vertritt man die hippokratische Position, die dem Prinzip des notwendigen Respekts vor dem Selbstbestimmungsrecht des Patienten nicht gerecht wird. Das Schadensvermeidungsprinzip wird verabsolutiert. Der Arzt wird als derjenige angesehen, der das ursprüngliche Recht hat, die Interessen des Patienten zu verfolgen. Die hippokratische Position lässt unberücksichtigt, dass die ärztliche Heilbehandlung immer auch ein (wohlmeinendes) *Handeln unter Risiko* ist und getragen sein muss vom Respekt des Arztes vor der autonomen Entscheidung des Patienten. Nur dieser kann entscheiden, welche Risiken er bereit ist, einzugehen, wobei er die Entscheidungsbefugnis – auch zum Teil – natürlich auf den Arzt übertragen kann. Die Patientenautonomie muss strafrechtlich abgesichert werden, sobald der behandelnde Arzt die Körpersphäre in einer relevanten Weise berührt. Relevant ist die Berührung insbesondere dann, wenn der heilende Eingriff biochemische Prozesse auslöst, die mit Nebenwirkungen verbunden sein können.

Auch das Nichtlindern von Schmerzen kann den Tatbestand der Körperverletzung erfüllen.[38] Zwar wird vielfach in diesen Fällen keine zusätzliche Pathologie und damit auch keine Gesundheitsschädigung verursacht. Der behandelnde Arzt, der Schmerzen nicht lindert, obwohl er hierzu fähig ist, misshandelt aber den an Schmerzen leidenden Patienten in Form der Unterlassung, weil er seine erlebensbezogenen Interessen missachtet. Freilich ist der behandelnde Arzt aber nur dann berechtigt – und folglich auch nur dann verpflichtet – wenn der Patient die Schmerzlinderung wünscht.

Diese Auffassung wird noch durch eine weitere Überlegung gestützt. Im sechsten Strafrechtsreformgesetz war ursprünglich eine Regelung für eigenmächtige Heilbehandlungen vorgesehen. Diese wurde dann jedoch

---

36 Zur ratio des Einwilligungserfordernisses vgl. auch BGHZ 29, 49, 180.

37 Siehe oben, Fn. 3.

38 Vgl. etwa RGSt 75, 165; OLG Hamm NJW 1975, 604, 605; NK-*Lilie*, § 223 Rn. 17.

aufgegeben, da sie einerseits die Strafwürdigkeitsgrenze zu weit zog und andererseits der Gesetzgeber davon ausging, dass das Selbstbestimmungsrecht über die Körperverletzungsdelikte hinreichend geschützt sei.[39] Diese gesetzgeberische Entscheidung hat der Rechtsanwender hinzunehmen. Es ist zwar so, dass der Gesetzgeber nicht die Befugnis hat, über die Auslegung von Gesetzen zu entscheiden. Jedoch ist die indirekt geäußerte Meinung des Gesetzgebers, der eigenmächtige Heileingriff falle unter die Körperverletzungsdelikte, ein Indiz für seinen Willen, der als solcher Auslegungsrelevanz innehat. Da der Wortlaut nicht gegen den Willen des Gesetzgebers spricht und es notwendig ist, die Selbstbestimmung des Patienten über seinen Körper umfassend zu schützen, sollte diesem Willen auch Rechnung getragen werden.[40]

Zu beantworten ist noch die Frage, ob eine Verletzung des Rechtsguts »körperliche Unversehrtheit bzw. Unberührtheit« anzunehmen ist, wenn und soweit Patienten in eine Heilbehandlung, die zunächst einmal die körperliche Unversehrtheit beeinträchtigt, einwilligen. Die Rechtsprechung des Bundesgerichtshofs sieht den Tatbestand der Körperverletzungsdelikte als erfüllt an und rechtfertigt den Eingriff über den Erlaubnistatbestand der »Einwilligung«.[41]

Kann man von einer Beeinträchtigung des körperlichen Wohls, der körperlichen Unberührtheit des Menschen auch dann sprechen, wenn der Patient die Heilbehandlung, die mit einer Beeinträchtigung des körperlichen Wohls, der körperlichen Unberührtheit verbunden ist, autonom will?

Werfen wir einen Blick auf die Funktion der Patientenautonomie. Die Patientenautonomie ist das Bollwerk gegen eigenmächtige Heileingriffe. Wenn ein Patient einer Heilbehandlung nicht zustimmt, so darf sie nicht durchgeführt werden. Dies gilt selbst dann, wenn die *Nichtbehandlung* lebensgefährlich ist.[42] Dem Patienten wird garantiert, dass eine Heilbehandlung, die einen Eingriff in seinen Körper bedeutet, nur dann stattfinden darf, wenn sie im weitesten Sinne in seinem Einverständnis

---

39 Vgl. hierzu *Schreiber*, Zur Reform des Arztstrafrechtes, in: Festschrift für H.J. Hirsch, 1999, S. 718.

40 Zur Relevanz des Willens des historischen Gesetzgebers und zu dessen Bedeutung vgl. *Schroth*, Theorie und Praxis subjektiver Auslegung im Strafrecht, 1983, Paragraph 5.4.2, S. 94 ff. m.w.N.

41 St. Rspr. seit RGSt 23, 275, 378.

42 So grundsätzlich auch OLG München MedR 2003, S. 174, 176.

geschieht. Die Patientenautonomie hat aber noch eine weitere Funktion. Ihr kommt im weiteren Sinne die Bedeutung zu, körperbezogene Schutzvorschriften außer Kraft zu setzen. Individuelle Rechtsgüter sind Güter, die Personen zustehen.[43] Diese Aussage bedeutet, dass Personen befugt sind, über diese Rechtsgüter zu disponieren.

Personen haben einerseits erlebensbezogene Interessen, wie das Interesse an Schmerzfreiheit, das Interesse zu gesunden etc. Auf der anderen Seite haben sie auch wertbezogene Interessen. Wertbezogene Interessen sind solche, die auf die Fragen gerichtet sind, was für ein Mensch man sein und was für ein Leben man führen möchte. Es kann beispielsweise auch das Interesse, einem Schwerkranken eine Niere zu spenden, um diesem zu helfen, ein wertbezogenes Interesse sein. Diese Interessen gründen im Selbstbestimmungsrecht, das gemäß Art. 2 I GG verfassungsrechtlich zugestanden wird.[44] Das Prinzip des Respekts für Personen fordert, dass das Interesse an Selbstbestimmung anerkannt wird. Es gebietet vor allem, ihnen *die eigene Interpretation ihrer Interessen zu überlassen.* Nicht ein Dritter (auch nicht der behandelnde Arzt) soll über die Interessen von Personen entscheiden, sondern diese selbst sollen über ihre Interessen befinden. Ist dies richtig, so kann von einer Verletzung des Schutzguts »körperliches Wohl und körperliche Unberührtheit« dann nicht mehr gesprochen werden, wenn der Rechtsgutsträger die Beeinträchtigung seines körperlichen Wohls in autonomer Weise will. Der Friseur, der Schönheitschirurg, der Arzt, beeinträchtigen bei Eingriffen in die körperliche Integrität und in die körperliche Unberührtheit ihrer Klienten bzw. Patienten nicht die Freiheit des Rechtsgutsträgers, sondern sie helfen ihm bei der körperlichen Selbstdarstellung. D.h., beim ärztlichen Heileingriff liegt keine Beeinträchtigung des Schutzguts der §§ 223 ff. StGB vor, wenn und soweit ein Patient die Beeinträchtigung seiner Körperintegrität will, um seinen Interessen nachzukommen. Von einer Verletzung eines individuellen Rechtsguts sollte man nur dann ausgehen, wenn einerseits die äußere Sphäre des individuellen Rechtsguts beeinträchtigt wird (in dem Sinne, wie der Tatbestand das individuelle Rechtsgut schützt), andererseits der autonome Wille des Rechtsgutsinhabers verletzt wird.[45] Im strafrechtlich-normativen Verständnis ist eine

---

43 Zur Unterscheidung und zum Verhältnis von Individual- und Universalrechtsgütern vgl. insb. NK-*Hassemer/Neumann,* Vor § 1 Rn. 126 f.

44 Vgl. zum Ganzen *Roxin,* AT I § 13 II 1 Rn. 12 ff. m.w.N.

45 So auch *Kindhäuser,* BT, § 8 Rn. 1.

in ihrer Körperintegrität beeinträchtigte Person erst dann körperverletzt, wenn ihr Körper beeinträchtigt ist *und* diese Beeinträchtigung gegen ihren Willen verstößt bzw. nicht mehr gesagt werden kann, dass sie sich in diesem Eingriff selbst verwirklicht. Die Verletzung des Körpers sinnvoll verstanden, ist in einem normativen Sinne keine Körperverletzung mehr, wenn der Eingriffsakt ein Akt der Selbstdarstellung der beeinträchtigten Person ist.

Die deutsche Strafrechtsdogmatik unterscheidet zwischen dem Einverständnis und der Einwilligung.[46] Ein Einverständnis kommt bei Straftatbeständen in Betracht, die im Tatbestand ein Handeln gegen den Willen des Rechtsgutsinhabers vorsehen. Von Einwilligung ist dann die Rede, wenn dem Willen des Rechtsgutsträgers nur rechtfertigende Wirkung zukommen kann. Nach dieser Differenzierung wirkt das rechtswirksame Einverständnis tatbestandsausschließend, die wirksame Einwilligung rechtfertigend.[47] Diese Unterscheidung hat nach Meinung der herrschenden Strafrechtsdogmatik Konsequenzen.[48]

- Beim Einverständnis kommt es nur auf den inneren Willen des Einverstandenen an, bei der Einwilligung muss dieser Wille nach außen gedrungen sein.
- Das Einverständnis setzt nur einen natürlichen Willen voraus, die wirksame Einwilligung erfordert die Einsichtsfähigkeit des Einwilligenden.
- Willensmängel sind beim Einverständnis nur insoweit relevant, als Zwang auf denjenigen ausgeübt wird, der die Erklärung abgibt. Die Einwilligung ist darüber hinaus auch unwirksam, wenn ein Willensmangel auf Irrtum und Täuschung beruht.

In der neueren Diskussion trifft diese Differenzierung zwischen Einwilligung und Einverständnis zunehmend auf Ablehnung.[49] Jeder wirksamen Zustimmung des Rechtsgutsträgers in die Rechtsgutsverletzung soll tatbestandsausschließende Wirkung beigemessen werden. Die Frage,

---

46 *Roxin,* AT I § 13 I 2 Rn. 2 m.w.N.

47 *Tröndle/Fischer,* Vor § 32 Rn. 3a, 3b; *Kindhäuser,* LPK-StGB, Vor § 13 Rn. 158 ff., 189 ff.

48 Vgl. zur folgenden Unterscheidung *Roxin,* AT I § 13 I 3 Rn. 4 ff.

49 *Roxin,* AT I § 13 I 4 Rn. 11 ff. m.w.N; a.A. Schönke/Schröder-*Lenckner,* Vor § 32 ff. Rn. 33a. Ein Überblick über das Meinungsspektrum auch bei *Rönnau,* Willensmängel bei der Einwilligung im Strafrecht, 2001, S. 13 ff., 141 ff.

welche Anforderungen an die Wirksamkeit einer tatbestandsausschließenden Einwilligung zu stellen sind, ist vom Telos des jeweiligen Tatbestandes zu betrachten.[50] Der Schutzzweck des Tatbestandes bestimmt demnach die Anforderungen, die zur Sicherung der Autonomie zu stellen sind und nicht die Zuordnung zu den Kategorien des Einverständnisses bzw. der Einwilligung.

Diese neuere Auffassung kann schwerwiegende Argumente für sich in Anspruch nehmen. Das zentrale Argument liegt in einem liberalen Rechtsgutsverständnis.[51] Dieses geht davon aus, dass Rechtsgüter, und gerade die individuellen Rechtsgüter, die Aufgabe haben, dem Einzelnen bei der Selbstverwirklichung zu helfen. Wenn Rechtsgüter dazu dienen, die freie Entfaltung des Einzelnen zu ermöglichen, kann keine unrechtsbegründende Rechtsgutsverletzung vorliegen, solange der Eingriff in diese Rechtsgüter auf der autonomen Willensentscheidung des Rechtsgutsträgers beruht. Wenn eine verletzende Handlung auf dem Willen des Rechtsgutsträgers basiert, so ist dessen Rechtsgut nicht beeinträchtigt; vielmehr ist die Handlung dann Ausdruck der Person des Rechtsgutsträgers. Die Essenz der personalen Rechtsgutslehre ist, dass hier der Schutz von Gütern, jedenfalls soweit es um individuelle Rechtsgüter geht, kombiniert ist mit der Freiheit der Selbstverwirklichung. Bei den individuellen Rechtsgütern setzt die Verletzung derselben auch die Entscheidung gegen den Willen des Rechtsgutsträgers voraus.[52]

Liegt eine Einwilligung des Rechtsgutsinhabers vor und wird der Rechtsgutsinhaber, in einer Weise, die er gewollt hat, verletzt, so lässt die wirksame Einwilligung den Erfolgsunwert einer Handlung entfallen. Hält sich der Handelnde im Rahmen der Einwilligung des Rechtsgutsinhabers (auch was die Intensität der Handlung angeht), so entfällt ebenso der Handlungsunwert. *Roxin* sagt zu Recht: »Wer im Auftrag des

---

50 *Roxin*, AT I § 13 II 7 Rn. 30. Zu den Anforderungen bei der Lebendspende ausführlich *Schroth/König* u.a., Transplantationsgesetz, Kommentar, § 19, Rn. 44–144, 2005.

51 In der personalen Rechtsgutslehre sehe ich auch (wenngleich indirekt) das Plädoyer für ein liberales Rechtsgutsverständnis, d.h. ein Rechtsgutsverständnis das davon ausgeht, dass individuelle Rechtsgüter mit der Idee der Ermöglichung der Selbstverwirklichung des Individuums verbunden sind. Vgl. auch NK-*Hassemer/Neumann*, Vor § 1 Rn. 126 ff.

52 Vgl. hierzu auch *Rönnau*, Willensmängel bei der Einwilligung im Strafrecht, S. 49 ff., 56 ff.

Eigentümers einen Baum fällt oder Brennmaterialien in den Ofen wirft, wer dem Patienten eine Spritze gibt oder einem Kunden den Bart schert, verwirklicht nicht einen durch Einwilligung gerechtfertigten tatbestandlichen Erfolgsunwert, sondern jeder Erfolgsunwert fehlt von vornherein«.[53]

Für die tatbestandsausschließende Kraft der Einwilligung spricht aber auch noch der Umstand, dass sie im System der Rechtfertigungsgründe einen Fremdkörper darstellt. Rechtfertigungsgründe beruhen regelmäßig auf den Prinzipien der Interessenabwägung und der Erforderlichkeit. Bei der Einwilligung geht es weder um einen Interessenkonflikt zwischen Handelndem und Einwilligendem, noch um die Erforderlichkeit einer Tat. Vielmehr tritt bei der Einwilligung nach dem Prinzip des mangelnden Interesses der im Tatbestand als verletzt gedachte Wille im Einzelfall zurück.[54]

§ 228 StGB ist, wie *Roxin* zu Recht ausführt, kein Gegenargument.[55] Eine rechtswidrige Tat ist nach § 11 I Nr. 5 StGB nur eine solche, die den Tatbestand eines Gesetzes verwirklicht. Man kann § 228 StGB so lesen, dass eine Körperverletzung mit Einwilligung des Verletzten nur dann tatbestandsmäßig ist, wenn sie trotz der Einwilligung gegen die guten Sitten verstößt. Erkennt man dies an, wird auch der Einwand hinfällig, dass man den Arzt nicht mit einem Messerstecher gleichsetzen dürfe. Ein Arzt, der einen Patienten im Rahmen von dessen Einwilligung behandelt, hat mit einem Messerstecher, auch wenn dieser über § 32 StGB gerechtfertigt ist, nichts zu tun.[56] Der Arzt, der den Patienten mit dessen Willen heilt oder eine Niere entnimmt, um einem anderen zu helfen, verletzt nicht das Rechtsgut der Körperverletzungsdelikte. Er hilft vielmehr dem Patienten, dem Organspender, bei der Selbstdarstellung.

Dafür, dass die Einwilligung den Tatbestand ausschließt, spricht auch noch folgende Überlegung. Lindert der behandelnde Arzt nicht die Schmerzen eines Patienten, obwohl dieser das will, erfüllt er den Tatbestand des § 223 StGB. Er misshandelt seinen Patienten durch Unterlassen, wenn ihm eine Schmerzlinderung möglich ist. Handelt der Arzt aber schmerzstillend und setzt etwa eine schmerzstillende Spritze, so

---

53 *Roxin*, AT I § 13 II 2 Rn. 17.

54 Vgl. dazu *Mezger*, Strafrecht, 3. Aufl. 1949, § 27.

55 *Roxin*, AT I § 13 II 5 Rn. 27.

56 Gegen das oft bemühte »Messerstecher-Argument« vgl. auch LK-*Lilie*, Vor § 223, Rn. 5.

erfüllt er ebenfalls den Tatbestand des § 223 StGB. Sieht man die Einwilligung als Rechtfertigungsgrund an, so ist er nur ausnahmsweise gerechtfertigt, da er eben mit Willen des Schwerkranken handelt. Es ist aber widersprüchlich, wenn man zugleich das Unterlassen einer gebotenen Handlung wie auch ihre Vornahme als tatbestandsmäßig ansieht.[57]

Quintessenz: Die wirksame, autonome Einwilligung in die Körperverletzung schließt es aus, dass juristisch-normativ von einer Verwirklichung des Tatbestandes ausgegangen werden kann. Dies gilt natürlich nur, wenn der Patient informiert in die Körperverletzung eingewilligt hat. Er muss wissen, in welchem Umfang er einwilligt[58]. Auch muss er die Diagnose kennen, die mit dem Eingriff verbundenen Risiken, sowie die möglichen Folgen des Heileingriffs.

Es ist sicherlich nicht von praktischer Relevanz, wenn wie hier angenommen wird, dass der ärztliche Heileingriff, der mit Einwilligung des Patienten erfolgt, bereits den Tatbestand der Körperverletzungsdelikte ausschließt und nicht die Rechtswidrigkeit. Eine derartige Begrenzung des Tatbestandes hat aber symbolische Bedeutung. Der Arzt, der im Einverständnis mit dem Patienten handelt, verwirklicht kein Unrecht und ist ausnahmsweise gerechtfertigt, sondern hilft dem Patienten bei der Selbstverwirklichung. Er ist nicht *ausnahmsweise,* nachdem er Unrecht verwirklicht hat, *gerechtfertigt,* er handelt überhaupt nicht in einem strafrechtlichen Bereich, er verletzt kein Rechtsgut.

Frage ist noch, ob eine Verletzung des Tatbestandes angenommen werden kann, wenn der Arzt im Einverständnis mit dem Patienten in dessen Körperintegrität eingreift, aber keine medizinische Indikation gegeben ist. Meines Erachtens muss hier davon ausgegangen werden, dass der Arzt, der die Vorstellungen des Patienten realisiert (Wunschmedizin betreibt), nicht den Tatbestand der Körperverletzungsdelikte verwirklicht.[59] Er hilft nur bei der Darstellung der wertbezogenen Interessen des Patienten, wenn er den gewünschten Eingriff vornimmt. Wichtig ist, dass er sich im Rahmen der Einwilligung hält und die

---

57 So richtig *Kindhäuser,* Zur Unterscheidung von Einverständnis und Einwilligung, FS für H.-J. Rudolphi zum 70. Geburtstag 2004, S. 135 ff.

58 Vgl. BVerfG NJW 1979, 1929 ff.

59 Anders die strafrechtliche und die zivilrechtliche obergerichtliche Rechtsprechung, Zahnextraktionsentscheidung BGH NJW 1978, 1206, OLG Karlsruhe MedR 2003, 104. Diese sehen nicht nur den Tatbestand der Körperverletzungsdelikte als verwirklicht an, sondern bestreiten sogar die Rechtfertigung.

Einwilligung autonom erfolgt ist. Bei einem Patienten wird man nur dann von einer autonomen Entscheidung ausgehen können, wenn er auch aufgeklärt ist über die Tatsache, dass es sich um einen *nicht indizierten* Eingriff handelt.[60]

Deutet man das Schutzgut der Körperverletzungstatbestände wie hier, so wird über die Körperverletzungstatbestände das »*System Körper als Einheit*« geschützt, einerseits in seiner *körperlichen* Unversehrtheit und andererseits in seiner *körperlichen* Unberührtheit. Als Verletzung kommt einerseits das Hervorrufen und Steigern von Pathologien in Betracht (Gesundheitsschädigung). Eine Verletzung kann auch gegeben sein bei körperlicher Substanzbeeinträchtigung, üblen unangemessenen körperbezogenen Handlungen, sowie bei Auslösen eines biochemischen Prozesses, der Nebenwirkungen hat oder haben kann (Misshandlung). Das Rechtsgut ist nicht verletzt, wenn und soweit die Beeinträchtigung des Körpers Hilfe bei der autonomen Selbstdarstellung des Rechtsgutsinhabers ist.

---

60 Die Beschränkungen im Transplantationsrecht, in die Entnahme von Organen einwilligen zu können (vgl. § 8, Abs. I, Satz 2 TPG i.V.m § 19, Abs. II, TPG) finden ihren Grund nicht darin, dass hier die körperliche Integrität des Organspenders geschützt werden soll.

Wenn eine freiwillige Einwilligung in die Lebendspende vorliegt, diese aber trotzdem wegen nicht hinlänglicher besonderer persönlicher Verbundenheit zwischen Spender und Empfänger nicht durchgeführt werden darf, wird nicht die Körperintegrität des Spenders unter Schutz gestellt. Vielmehr wird hier ein anderes Interesse geschützt, nämlich das Interesse, Organhandel ausschließen zu wollen bzw. das Interesse, das dem Organhandelsverbot zugrunde liegt. Ein Verbot, wie es § 8, Abs. I, Satz 2 TPG ausspricht, ist m.E. nicht sinnvoll, wie ich an anderer Stelle dargelegt habe, vgl. hierzu *Schroth*, Die strafrechtlichen Grenzen der Lebendspende, S. 284 ff. in *Roxin/Schroth*, Medizinstrafrecht, 2. Aufl. 2001. Dazu ausführlich *Schroth* in *Schroth / König* u.a., TPG, Kommentar, Kommentierung § 19, Rn. 173 ff., 2005.

§ 228 StGB, der die sittenwidrige Einwilligung als unwirksam erklärt, hat u.a. die Funktion, Irrationalismen von Patienten zu verhindern. Nicht jede Art von Wunschmedizin, d.h. von Medizin, die medizinisch nicht indiziert ist, ist jedoch ein Irrationalismus, der die Sittenwidrigkeit der Einwilligung begründet. Außerdem ist § 228 StGB paternalistisch. Er muss restriktiv ausgelegt werden. Man sollte auch annehmen, dass er wegen seiner Unbestimmtheit gegen Art. 103, Abs. II GG verstößt. Vgl. zum Ganzen NK-*Paeffgen*, Kommentierung zu § 228.

Personale Rechtsgutslehre und Kriminalpolitik in Brasilien

Juarez Tavares

1. Will man die Beziehungen zwischen der Begrenzung der Strafgewalt und den Perspektiven der Kriminalpolitik in Brasiliendarstellen, so sind drei Fragen zu beantworten:

a) Wie hat sich die Idee der Begrenzung der Strafgewalt entwickelt?

b) Was ist die gegenwärtige Perspektive der brasilianischen Kriminalpolitik?

c) Welche Rolle spielt in Brasilien die personale Rechtsgutslehre?

2. Seit der Unabhängigkeit des Landes 1822 haben sich in Brasilien die Beziehungen zwischen Staat und Bürger schwierig gestaltet. Zur Bewältigung des alten Regimes der portugiesischen Ordonnanzen, welche die autokratische Gewalt der portugiesischen Krone begründeten, erfolgte eine Strukturreform der Rechtsordnung. Schon in der Einberufung einer verfassungsgebenden Versammlung im Jahr 1823 wurde der Anspruch auf die Begründung eines demokratischen Staats erhoben, der in einer von Klasse oder Eigentumsverhältnissen unabhängigen Mitwirkung einer Vielzahl von Menschen an der nationalen Wahl verkörpert werden sollte. Somit wurden im Land wichtige demokratische Grundsätze zugunsten der Individuen etabliert, als Materialisierung der Ideale der amerikanischen und französischen Revolutionen.

3. Zwar nahm die Verfassung von 1824 diese Grundsätze auf, aber sie gestand dem Staat gleichzeitig eine Möglichkeit zu, welche die Hoffnungen der Revolutionäre auf ein demokratisches System frustrierte. Dieses Mittel war die Berufung auf die so genannte moderatorische Gewalt, die anders als die üblichen Gewalten Legislative, Exekutive und Judikative vom Kaiser selbst ausgeübt wurde. Danach durfte der Kaiser, Gesetze ohne Mitwirkung des Parlaments erlassen, das Parlament auflösen,

Gerichtsurteile für nichtig erklären und in Übereinstimmung mit den herrschenden Interessen die Gesetzgebungsgewalt auf die Regionen übertragen. Auch wurde neben der Legislative die so genannte Ediktgewalt begründet. Diese Edikte gaben Landesgouverneuren, Polizeidirektoren und Bürgermeistern die kriminalpolitische Möglichkeit, sowohl Freiheits-, Geld- und Leibesstrafen vorzusehen als auch Verfassungsgarantien zu suspendieren. Obwohl diese Gesetze im Jahr 1830 schon vom ersten brasilianischen Strafgesetzbuch theoretisch überwunden werden sollten, sind sie bis zur Gründung der Republik im Jahr 1889 noch in Kraft geblieben, und wurden fast ausschließlich gegen politische Gegner angewandt, um de *status quo* der Regierenden zu erhalten.

4. Um diese Strafgewalt zu begrenzen, hat die damalige brasilianische Strafrechtslehre zwei Argumentationslinien entwickelt: während die eine, strikt dogmatisch, auf den Strafrechtszweck rekurriert, basiert die andere – politisch argumentierend – auf der Idee der Mitbestimmung als Grund der Staatsbürgerschaft. Der erste Weg kann in den Schriften von *Tobias Barreto* gefunden werden. Im Bestreben, das Wesen des Verbrechens zu ergründen, äußerte er – ganz im Sinn der Jhering'schen Lehre, dass »so sehr veränderlich der Umgang des Verbrechens sei, bleibe immer identisch sein Begriff«. »Stets« – sagte er – »bedeutet das Verbrechen einerseits auf der Seite des Täters einen Angriff gegen die Lebensbedingungen der Gesellschaft und andererseits auf der Seite der Gesellschaft deren Überzeugung, dass sie sich gegen den Täter nur mittels Strafe verteidigen kann.«[1] Angesichts dieser Überzeugung könne der Gesetzgeber nicht sämtliche Handlungen bestrafen und auch nicht alle Strafen in den Händen der Gesetzesanwender lassen, sondern nur das für das Zusammenleben Wesentliche pönalisieren und sich strikt nach den Gesetzesvorbehalt richten. Der zweite Weg wurde von *Paula Pessoa* beschritten, der in seinen Kommentaren zu dem alten Strafgesetzbuch von 1830 die Auffassung vertrat, dass »ein präziser Gesetztext erforderlich (sei); es ist notwendig, dass dieser Text gut verständlich ist, damit die Vorschrift für den normalen Bürger, auch den minder gebildeten, einsichtig ist; denn wenn er die Verbote nicht versteht, wie könnte man ihn bestrafen?«[2]

---

1 *Tobias Barreto,* Estudos de direito, *in* Obras completas, Aracaju, 1926, S. 35.

2 *Vicente Alves de Paula Pessoa,* Código criminal do Império do Brasil, Rio de Janeiro, 1885, S. 12.

5. Schon diese zwei Begründungen zeigen, dass die Rechtsgutslehre, wenn auch in rudimentärer Weise, bei den brasilianischen Juristen des 19. Jahrhunderts etabliert war. Zudem wird deutlich, dass sich die Strafrechtslehre nicht nur auf den dogmatischen Aspekt des Tatbestandsaufbaus konzentrierte, sondern dass sie sich auch mit der Frage nach der Motivation des Täters als Grund der Schuld beschäftigte.

6. Auf dieser Grundlage kann man vier wichtige Phasen der brasilianischen Kriminalpolitik unterscheiden. Es gehört aber nicht zu der Aufgabe dieser Arbeit, eine solche Phasenbildung mit einer Betrachtung der bezweckten Änderung der Klassenstruktur der Gesellschaft zu verbinden. Obwohl eine solche Verbindung bedeutensvoll für eine soziologische Kritik der Kriminalpolitik erscheint, wird sie hier absichtlich vernachlässigt. Die vorgeschlagene Differenzierung hat als Basis nur die Zwecke der Kriminalpolitik, die mit den unterschiedlichen Interessen des brasilianischen Staates in diesen Zeitabschnitten zusammenhängt.

7. In der ersten Phase (von der Unabhängigkeit im Jahr 1822 bis zu der Verfassung von 1934) orientierte sich die Kriminalpolitik ausschließlich am Schutz der oligarchischen Gewaltstruktur und ihrem Wirtschaftsaufbau, das heißt, am Schutz eines von den Portugiesen übertragenen Regimes mit Sklavenhaltung, das sich rechtlich zwar mit Gründung der Republik auflöst, aber faktisch noch heute Konsequenzen hat[3]: Schutz der Großgrundbesitzer, einseitige Bodennutzung zum Kaffeeanbau, Unterwerfung des Landes unter das englische Kapital.

8. In der zweiten Phase, in der sich republikanischen Perspektiven entwickelten (von 1934 bis 1964), orientierte sich die Kriminalpolitik an einer populistischen Politik, die eine Interventionsgewalt über die ökonomische Ordnung und den Schutz der minimalen Lebensbedingungen förderte.

9. Die dritte Phase, welche die Militärdiktatur von 1964 umfasst und bis zum Jahr 1985 andauerte, passt sich dem Anspruch des kalten Krieges an

---

3 Die »Favelas« sind eindeutig ein Produkt dieser Vergangenheit.

und erklärte die nationale Sicherheit zum unmittelbaren Schutzobjekt des Strafrechts.

10. In der vierten Phase (von 1985 bis heute) orientiert sich die Kriminalpolitik an der Öffnung der Wirtschaft für das internationale Finanzkapital. Das Spektrum des Strafrechts erstreckt sich (symbolisch) auf andere Gebiete, wie die Umwelt, den Drogenhandel, den Missbrauch der Wirtschaftsgewalt und der Steuerpolitik.

Obwohl jede dieser vier Phasen ein besonderes kriminalpolitisches Profil aufweist, besteht ein gemeinsamer Nenner der Kriminalpolitik: Der brasilianische Staat hat sich nie von dem Ziel des Schutzes der Person leiten lassen. Unabhängig von den vorherrschenden und sich wandelnden Ideologien ist die Person immer noch das Opfer des Strafrechtssystems und der Gewalt geblieben.

11. Trotzdem kann man sehen, dass die von Strafnormen geschützten so genannten Rechtsgüter in dieser Zeit vier wichtige Änderungen erfahren haben. In der ersten Phase, unter dem Einfluss der Ideale der Aufklärung, die sich in den Unabhängigkeitsbewegungen niedergeschlagen haben, war der Strafschutz für die Person des »guten Bürgers« oder des Grundbesitzers bestimmt, die damals als wesentlicher Wert der Rechtsordnung angesehen wurde. Dieser auf solchen Personen zugeschnittene Individualismus brachte das Strafrecht dazu, nur als Verbrechen zu betrachten, was einer Verletzung eines subjektiven Rechts entsprach. In diesem Zusammenhang vermischten sich Rechtsgut und subjektives Recht. Zum Beispiel entsprach das subjektive Recht auf Ausübung der politischen Gewalt dem Rechtsgut »Souveränität« (§ 95 StGB 1830; § 111 StGB 1890); dem subjektiven Recht auf die Bewahrung der persönlichen Gesundheit entsprach das Rechtsgut »öffentliche Gesundheit«, die hinter der Bestrafung des Handels der Giftdrogen (§ 159 StGB 1890) oder der Umweltverschmutzung stand. Die Wasserverschmutzung z.B. wurde immer als ein Angriff gegen die Person und nicht gegen die Umwelt angesehen (§ 162 StGB 1890). Mit der populistischen Politik in der zweiten Phase wurden, obwohl immer noch eine Beziehung zu der Person bestand (der Drogenhandel und die Angriffe gegen die Umwelt blieben z.B. Verbrechen gegen die Gesundheit, §§ 271, 281 StGB 1940), die Rechtsgüter allmählich kollektiviert. So wurden kraft der Verfassung von 1934 auch die »Volksökonomie« und das Besteuerungsinteresse des

Staates als Rechtsgüter anerkannt (§ 2 des Gesetzes über Verbrechen gegen die Volksökonomie, Nr. 1521 v. 1951). Ihrerseits symbolisierten solche Interessen in der dritten Phase die Sicherheitspolitik des Staates als Ausdruck eines universalen Kampfes gegen den politischen Umsturz, was zu der Schaffung der abstrakten Gefährdungsdelikte führte (z.B. wurde der einfache Streik als Verbrechen gegen den Staat gesehen). Schließlich wurden in der vierten Phase die abstrakten Gefährdungsdelikte intensiviert, besonders mit der Kursänderung hinsichtlich der Schutzobjekte: Anstelle von Rechtsgütern beginnt das Strafrecht in erster Linie Funktionen zu schützen (z.B. die Kontrollfunktionen des Geldwechsels, der Steuereinnahmen, der Umwelt, des Fahrzeugsverkehrs und der Waffenproduktion).

12. Bereits diese Skizze macht deutlich, dass sich die Kriminalpolitik in Brasilien von der in anderen Ländern nicht wesentlich unterscheidet. Es gibt aber einen Versuch der eben noch zurückhaltend und ohne eine konkrete Perspektive von der Rechtsprechung begleiteten brasilianischen Strafrechtswissenschaft, den Schutz der Person in den Mittelpunkt der Strafrechtsordnung zu stellen – was *Hassemers* Begriff einer personalen Rechtsgutslehre entsprechen könnte. In diesem Sinn versucht die brasilianische Lehre zur Zeit, wenn auch recht vorsichtig, die Verbrechen gegen die Wirtschaftsordnung oder gegen das nationale Finanzsystem restriktiv zu betrachten, um die Strafbarkeit in diesem Bereich nur zu legitimieren, wenn ein Angriff direkt oder indirekt gegen personale Rechtsgütererkennbar ist.[4] Damit versuchen Strafrechtslehre und teilweise, wenn auch aus anderen Gründen, auch das brasilianische oberste Strafgericht die bloß abstrakten Gefährdungsdelikte zu reduzieren und zu vermeiden, dass das Strafrecht sich mit dem Schutz bloßer Verwaltungsfunktionen beschäftigt.[5] In diesem Zusammenhang verlangt die Strafrechtslehre, dass das unmittelbare Objekt solcher Delikte einer realen Substanz entsprechen muss,[6] welche die Person als Universalwert

---

4 In ausdrücklicher Anlehnung an *Hassemers* personale Rechtsgutslehre, *José Carlos Tórtima / Fernanda Lara Tórtima,* Evasão de divisas, Rio de Janeiro, 2006, S. 29 ff.

5 STF (Supremo Tribunal Federal) HC 81611 / DF 1. Senat, 10/12/2003; STF RHC 85513 / RJ, 2. Senat, 11/11/2005.

6 *Nilo Batista,* O objeto jurídico do crime de contrabando: um equívoco centenário, in: DS, 7/8, 1999, S. 85.

angehen muss.[7] Z.B. sollte man bei einem zu Lasten einer Bank begangenen Betrug verlangen, dass ein solcher Betrug erst als besonderes Verbrechen zu betrachten wäre, das heißt, als ein Verbrechen gegen das Finanzsystem, wenn es sich um einen Angriff gegen eine spezielle Form der öffentlichen Finanzierung handelt, in der das Interesse der Person im Allgemeinen und nicht nur das Finanzsystem betroffen wird. Nur in diesen Fällen kann man sagen, dass auch die Wirtschaftsordnung verletzt wurde. Andererseits hat sich Brasilien bei den Drogenverbrechen bis jetzt noch nicht dafür entschieden, nach welchem Rechtsgut sich hier die Strafnorm ausrichten soll. Die herrschende Meinung ist noch der alten Konzeption der Verletzung der öffentlichen Gesundheit verhaftet.[8] Eine andere Meinung entscheidet sich für die Anerkennung einer mannigfaltigen Verletzung verschiedener Rechtsgüter.[9] Nach einer dritten Meinung, die eine funktionalistische Sichtweise zeigt, handelt es sich hier nicht um eine Rechtsgutsverletzung handelt. Die Bestrafung soll hier die Stabilität der Rechtsordnung und der Strafnormen gewährleisten, besonders bei der Bestrafung von Drogenkonsumenten wegen Drogenbesitzes zum Eigenverbrauch, wo ein Schaden der öffentlichen Gesundheit nicht ersichtlich sei.[10] Eine alternative Meinung bezweckt die Entkriminalisierung allen Drogenhandels oder Drogenkonsums, weil hier keine personale Rechtsgutsverletzung anzuerkennen sei oder weil mit der Kriminalisierung personale Schäden hervorgerufen werden und somit kein personales Rechtsgut geschützt werde.[11]

13. Angesichts dieser Kriminalpolitik stellt sich die Frage, wie eine personale Rechtsgutslehre in Brasilien implementiert werden kann, um die allgemeine Tendenz des Staates zur Ausweitung des Strafrechts auf alle Gebiete menschlicher Tätigkeit zu begrenzen.

---

7 *Alberto Silva Franco*, As perspectivas do direito penal por volta do ano 2010, DS, 9/10, S. 53; teilweise auch *Jacinto Nelson de Miranda Coutinho*, O papel do pensamento economicista no direito criminal de hoje, DS, 9/10, 2000, S. 75.

8 Vgl. statt vieler *Heleno Cláudio Fragoso*, Lições de direito penal, Parte especial, Bd. II, 6. Aufl., Rio de Janeiro, 1988, S. 250; STF HC 79189 / SP 1. Senat, 09/03/2001.

9 STJ (Superior Tribunal de Justiça) HC 35089 / SP, 5. Senat, 11/04/2005.

10 Bezogen auf die Gewährleistung der Normengeltung im Fall einer geringfügigen Drogenmenge ohne konkrete Gesundheitsgefahr, STJ HC / RJ 8827, 5. Senat, 01/06/1999.

11 *Maria Lúcia Karam*, De crimes, penas e fantasia, Rio de Janeiro, 1991.

Der erste Aspekt, den man bedenken muss, betrifft die heute geltende Verfassung. Die Verfassung von 1988 nimmt, in der Tradition der europäischen Nachkriegsverfassungen, auch den Schutz der Menschenwürde als Grund der Rechtsordnung und des demokratischen Staats an.[12] Im Rahmen einer Verfassungsreform sind neuerdings auch die Unterwerfung des Landes unter die internationalen Abkommen zum Schutz der Menschenrechte, und der bürgerlichen und der politischen Rechte, insbesondere die interamerikanische Konvention von S. José de Costa Rica, hinzugefügt. Mit dieser Reform werden diese internationalen Konventionen Teil der Verfassung – im Kontext einer Ausdehnung des Menschenrechtsschutzes und einer Sozialpolitik, die Armut und soziale Ungleichheiten mit einem breit angelegten politischen Programm zu überwinden sucht.[13] Eine personale Rechtsgutslehre, welche die Person selbst als Mittelpunkt der Rechtsordnung und gleichzeitig als Begrenzungsbezugspunkt der Interventionsgewalt des Staats hervorhebt, findet also eine wichtige Stütze in der Verfassung und stimmt mit den Perspektiven des heutigen brasilianischen Rechts- und Sozialstaats überein.

Der zweite erhebliche Gesichtspunkt betrifft die Schwierigkeit, am wahren Profil der personalen Rechtsgutslehre in einem solchen Staat festzuhalten, d.h. wie man das Rechtsgut als personale und nicht als kollektive Kategorie auslegen kann. Eines der mannigfachen Argumente gegen die personale Rechtsgutslehre liegt in der Legitimierung der Bestrafung einiger Tatbestandshandlungen, die nicht direkt auf eine Verletzung der Person zurückzuführen sind, sondern nur in Verhältnis zu anderen Kriminalisierungsmerkmalen zu verstehen sind. Unter anderem sind hier Verhaltensweisen wie z.B. die Tierquälerei, der Drogenhandel, die Wirtschaftsdelikte und die Umweltverschmutzung, die aus der Perspektive eines personalen Rechtsgutsbegriffs bedenklich bleiben, zu nennen.

Es scheint doch, dass das Hauptproblem jeder Rechtsgutslehre darin liegt, den richtigen Sinn ihrer Objekte zu erklären. Als *Hassemer* die theoretische Verarbeitung empirischer Bedingungen des Rechtsgutsschutzes erwähnte, hat er schon drei wichtige Fragen gestellt, die dieses Hauptproblem ganz deutlich zusammenfassen: »Was sind taugliche Schutzobjekte? Welche Funktion haben sie im Strafrechtssystem? Wie kann ihr

12 Art. 1 der brasilianischen Verfassung.

13 Art. 5 § 3 der brasilianischen Verfassung i. d. Fassung der Änderung 45 v. 08.12.2004.

Schutz gewährleistet werden?«[14] In dieser Richtung könnte man vielleicht noch weiterfragen: Wozu braucht man eine Rechtsgutslehre? Um die Bestrafung zu begrenzen oder zu legitimieren?

Da die Rechtsgutslehre nicht von den Voraussetzungen des Personenrechtsschutz unterschieden werden kann, scheint es doch, dass sich die personale Rechtsgutslehre an zwei Fronten bewähren muss, einerseits auf dem Gebiet der Kriminalpolitik, andererseits auf dem Gebiet der Strafrechtsanwendung, was im Grunde *Hassemers* Einteilung in Systemimmanenz und Systemtranszendenz entspricht.

Kriminalpolitik muss sich an der Gewährleistung eines friedlichen Lebens in einem demokratischen Rechtsstaat orientieren, d.h., der Gesetzgeber legitimiert die Normen mit der Notwendigkeit, die Werte zu schützen, die zu den Gründen des demokratischen Staats und den Bedingungen des harmonischen und friedlichen Zusammenlebens zu zählen sind. Obwohl alle Strafrechtstheoretiker diesen Gedanken als selbstverständlich annehmen, bleibt eine noch nicht hinlänglich beantwortete Frage: Orientiert sich das Strafrecht wirklich am Rechtsgüterschutz? Unter empirischen Gesichtspunkten ist das kaum positiv zu bestätigen. Und aus normativer Perspektive kommt noch die Frage hinzu, ob ein Staat legitimiert sein kann, seine Gewalt zugunsten der Person auszuüben, besonders wenn das Normenschutzobjekt nur ein symbolisches ist. In dem Maße, in dem der Rechtsgutsschutz durch das Strafrecht empirisch nicht nachgewiesen ist, wird auch fraglich, ob man es mit einem solchen auf Empirie rekurrierenden Rechtsgutsbegriff legitim arbeiten kann. Die Probleme der strafrechtlichen Rechtsgutslehre liegen vielleicht darin begründet, dass das Strafrecht sich nicht aus einem Dilemma befreien kann: Entweder sucht es nach einem nicht nachweisbaren empirischen Zustand, der ihm ein konkret greifbares Schutzobjekt bieten könnte und so Legitimitätsdefizite beseitigen könnte, oder es orientiert sich an symbolischen und abstrakten Schutzobjekten, ohne zu beachten, dass in diesem Fall Bestrafung nicht mehr ist.

Auf dem Gebiet der Rechts*anwendung* kann das Rechtsgut aber noch eine weitere Bedeutung bekommen. Hier kann man es nicht als bloßes Schutzobjekt betrachten, sondern als Bestrafungsbegrenzung, d.h. als Verletzungsobjekt. Im Hinblick darauf sollte Übereinstimmung darüber bestehen, dass kein Verbrechen anzuerkennen ist, ohne dass die Tatbe-

---

14 *Winfried Hassemer*, Theorie und Soziologie des Verbrechens, 1973, S. 111.

standshandlung ein Rechtsgut verletzt oder gefährdet. So betrachtet, nicht mehr als Bestrafungslegitimierungsmittel, sondern als deren Begrenzung, darf das Rechtsgut nur als personaler Wert berücksichtigt werden, in dem Sinn, dass es nur so als reines Rechtsgut anerkannt wird, wenn es auf einen spezifischen Wert der Person zurückzuführen ist und gleichzeitig kommunikatives Objekt sein kann, an dem die Person ihre Handlung orientiert. Die personale Rechtsgutslehre muss also auch auf der Grundlage ihrer normativen Voraussetzungen und nicht nur *sub specie* ihrer empirischen Grundlagen diskutiert werden. Wenn es nicht so wäre, wäre es unmöglich, jetzt in Brasilien über die noch nicht gesetzlich geregelte Abtreibungserlaubnis zu debattieren, z.B. über die Abtreibung des azephalischen Fötus, in der keine Rechtsgutsverletzung zu sehen ist, obwohl ein biologisches Leben noch besteht.[15]

14. Um zu vermeiden, dass die personale Rechtsgutslehre sinnentleert und durch einen bloß formalen Argumentationstrick zum Mittel für eine Bestrafungslegitimierung gemacht wird, weil im Grunde genommen alles auf personale Werte abstrakt reduziert werden kann, sollte man vielleicht auch darüber nachdenken, dass für einen solchen Rechtsgutsbegriff sowohl im Bereich der Kriminalpolitik als auch im Bereich der Tatbestandsdogmatik ein rein normatives Merkmal allein nicht reicht. Die Frage liegt dann darin, ob es möglich wäre, diesem Rechtsgutsbegriff noch eine empirische Substanz hinzuzufügen, damit etwas Konkretes oder Wahrnehmbares ermöglicht wird. Wenn dies einerseits eine bessere Trennungslinie zwischen Argumentationsmerkmalen und Verbrechensmerkmalen verschafft, bleibt andererseits offen, wie man die so genannte Vergeistigung des Rechtsguts behandeln kann. Um solche Widersprüche zu überwinden, könnte man vielleicht zwei Möglichkeiten erwägen. Die eine wäre, den Rechtsgutsbegriff ganz durch den Begriff des individuellen subjektiven Rechts zu ersetzen. Das hätte den Vorteil, die empirisch nicht nachweisbaren Zustände der Strafrechtsnormenschutzobjekte zu überwinden, ohne aber die empirische und normative Basis des menschlichen Verhaltens zu missachten, verlangte aber eine Bestimmung der Reichweite eines solchen individuellen Rechts, was zu einem rein normativen Urteil außerhalb der empirischen Handlung führen kann. Die Alternative wäre, die Rechtsgutsverletzung einer Widerlegungsprozedur zu unterwerfen, so dass eine (zu kritisierende) Vergeistigung des Rechts-

15 Vgl. die Verfassungsbeschwerde ADPF 54, v. 20/10/2004.

guts nur angenommen werden könnte, wenn der Verletzung des Rechtsguts keine mögliche Verletzung einer Person entspricht. Mit einem solchen Verfahren wäre nun der personale Rechtsgutsbegriff nicht mehr ein Produkt eines positiven, sondern eines negativen Urteils, was *Hassemers* Sorge um die Humanisierung des Strafrechts vielleicht auch entspricht.

Autoren

Fletcher, George P., Prof. Dr., Cardozo Professor of Jurisprudence at Columbia Law School (New York, USA).

Günther, Klaus, Prof. Dr., Professor für Rechtstheorie, Strafrecht und Strafprozessrecht, Universität Frankfurt am Main.

Kargl, Walter, Prof. Dr., Professor für Rechtstheorie, Rechtsphilosophie und Strafrecht, Universität Frankfurt am Main.

Neumann, Ulfrid, Prof. Dr., Professor für Strafrecht, Strafprozessrecht, Rechtsphilosophie und Rechtssoziologie, Universität Frankfurt am Main.

Prittwitz, Cornelius, Prof. Dr., M.P.A., Professor für Strafrecht, Strafprozess, Kriminologie und Rechtsphilosophie, Universität Frankfurt am Main.

Schroth, Ulrich, Prof. Dr., Professor für Strafrecht, Strafprozessrecht, Rechtsphilosophie und Rechtssoziologie, Ludwig-Maximilians-Universität München.

Tavares, Juarez, Prof. Dr., o. Professor an der Landesuniversität Rio de Janeiro (Brasilien).

FRANKFURTER KRIMINALWISSENSCHAFTLICHE STUDIEN

Band 1 Peter Böning: Die Lehre vom Unrechtsbewußtsein in der Rechtsphilosophie Hegels 100 S., 1978.

Band 2 Wolfgang Schneider: Kriminelle Straßenverkehrsgefährdung (§ 315c Abs. 1 Ziff. 2, Abs. 3 StGB). Eine kriminologische und strafrechtliche Untersuchung zur Problematik dieser Verkehrsstraftaten unter Berücksichtigung ausländischer Rechte. 342 S., 1978.

Band 3 Lothar Kuhlen: Die Objektivität von Rechtsnormen. Zur Kritik des radikalen labeling approach in der Kriminalsoziologie. 178 S., 1978.

Band 4 Günther Grewe: Straßenverkehrsdelinquenz und Marginalität. Untersuchungen zur institutionellen Regelung von Verhalten. 148 S., 1978.

Band 5 Dieter Haberstroh: Strafverfahren und Resozialisierung. Eine Studie über Verstehen und Nicht-Verstehen, über Verstanden-Werden und Nicht-Verstanden-Werden und deren Bedingungen in der Hauptverhandlung. 202 S., 1979.

Band 6 Thomas Vogt: Die Forderungen der psychoanalytischen Schulrichtungen für die Interpretation der Merkmale der Schuldunfähigkeit und der verminderten Schuldfähigkeit (§§ 51 a.F., 20, 21 StGB). 182 S., 1979.

Band 7 Andreas Michael: Der Grundsatz in dubio pro reo im Strafverfahrensrecht. Zugleich ein Beitrag über das Verhältnis von materiellem Recht und Prozeßrecht. 214 S., 1981.

Band 8 Ilias G. Anagnostopoulos: Haftgründe der Tatschwere und der Wiederholungsgefahr (§§ 112 Abs. 3, 112 a StPO). Kriminalpolitische und rechtssystematische Aspekte der Ausweitung des Haftrechts. 1984.

Band 9 Helga Müller: Der Begriff der Generalprävention im 19. Jahrhundert. Von P.J.A. Feuerbach bis Franz v. Liszt. 1984.

Band 10 Frowin Jörg Kurth: Das Mitverschulden des Opfers beim Betrug. 1984.

Band 11 Martin J. Worms: Die Bekenntnisbeschimpfung im Sinne des § 166 Abs. 1 StGB und die Lehre vom Rechtsgut. 1984.

Band 12 Jong-Dae Bae: Der Grundsatz der Verhältnismäßigkeit im Maßregelrecht des StGB. 1985.

Band 13 Helmut Fünfsinn: Der Aufbau des fahrlässigen Verletzungsdelikts durch Unterlassen im Strafrecht. 1985.

Band 14 Christoph Krehl: Die Ermittlung der Tatsachengrundlage zur Bemessung der Tagessatzhöhe bei der Geldstrafe. 1985.

Band 15 Walter-Hermann Kiehl: Strafrechtliche Toleranz wechselseitiger Ehrverletzungen - Zur ratio legis der §§ 199, 233 Strafgesetzbuch -. 1986.

Band 16 Matthias Krahl: Die Rechtsprechung des Bundesverfassungsgerichts und des Bundesgerichtshof zum Bestimmtheitsgrundsatz im Strafrecht (Art. 103 Abs. 2 GG). 1986.

Band 17 Patrick Carroll Campbell: § 220a StGB. Der richtige Weg zur Verhütung und Bestrafung von Genozid? 1986.

Band 18 Winfried Hassemer (Hrsg.): Strafrechtspolitik. Bedingungen der Strafrechtsreform. 1987.

Band 19 Felix Herzog: Prävention des Unrechts oder Manifestation des Rechts. Bausteine zur Überwindung des heteronom-präventiven Denkens in der Strafrechtstheorie der Moderne. 1987.

Band 20 Astrid Michalke-Detmering: Die Mindestanforderungen an die rechtliche Begründung des erstinstanzlichen Strafurteils. Zur Auslegung des § 267 StPO. 1987.

Band 21 Lothar Kuhlen: Die Unterscheidung von vorsatzausschließendem und nichtvorsatzausschließendem Irrtum. 1987.

Band 22 Michael Buttel: Kritik der Figur des Aufklärungsgehilfen im Betäubungsmittelstrafrecht (§ 31 BtMG). 1988.

Band 23 Matthias Kögler: Die zeitliche Unbestimmtheit freiheitsentziehender Sanktionen des Strafrechts. Eine vergleichende Untersuchung zur Rechtslage und Strafvollstreckungspraxis in der Bundesrepublik Deutschland und den USA. 1988.

Band 24 Klaus Lüderssen/Cornelius Nestler-Tremel/Ewa Weigend(Hrsg.): Modernes Strafrecht und ultima-ratio-Prinzip. 1990.

Band 25 Jürgen Taschke: Die behördliche Zurückhaltung von Beweismitteln im Strafprozeß. 1989.

Band 26 Daniela Westphalen: Karl Binding (1841-1920). Materialien zur Biographie eines Strafrechtsgelehrten. 1989.

Band 27 Sigrid Jans: Die Aushöhlung des Klageerzwingungsverfahrens. 1990.

Band 28 Dimitris Spirakos: Folter als Problem des Strafrechts. Kriminologische, kriminalsoziologische und (straf-)rechtsdogmatische Aspekte unter besonderer Berücksichtigung der Folterschutzkonvention und der Pönalisierung der Folter in Griechenland. 1990.

Band 29 Stephan Moll: Strafrechtliche Aspekte der Behandlung Opiatabhängiger mit Methadon und Codein. 1990.

Band 30 Stefan Werner: Wirtschaftsordnung und Wirtschaftsstrafrecht im Nationalsozialismus. 1991.

Band 31 Xanthi Bassakou: Beiträge zur Analyse und Reform des Absehens von Strafe nach § 60 StGB. 1991.

Band 32 Rainer Runte: Die Veränderung von Rechtfertigungsgründen durch Rechtsprechung und Lehre. Moderne Strafrechtsdogmatik zwischen Rechtsstaatsprinzip und Kriminalpolitik. 1991.

Band 33 Olaf Hohmann: Das Rechtsgut der Umweltdelikte. Grenzen des strafrechtlichen Umweltschutzes. 1991.

Band 34 Klaus Jochen Müller: Das Strafbefehlsverfahren (§§ 407 ff. StPO). Eine dogmatisch-kriminalpolitische Studie zu dieser Form des schriftlichen Verfahrens unter besonderer Berücksichtigung der geschichtlichen Entwicklung – zugleich ein Beitrag zum StVÄG 1987. 1993

Band 35 Sang-Don Yi: Wortlautgrenze, Intersubjektivität und Kontexteinbettung. Das strafrechtliche Analogieverbot. 1991.

Band 36 Birgit Malsack: Die Stellung der Verteidigung im reformierten Strafprozeß. Eine rechtshistorische Studie anhand der Schriften von C. J. A. Mittermaier. 1992.

Band 37 Rüdiger Schäfer: Die Privilegierung des "freiwillig-positiven" Verhaltens des Delinquenten nach formell vollendeter Straftat. Zugleich ein Beitrag zum Grundgedanken des Rücktritts vom Versuch und zu den Straftheorien. 1992.

Band 38 Cornelius Nestler-Tremel: AIDS und Strafzumessung. 1992.

Band 39 Christine Gutmann: Freiwilligkeit und (Sozio-)Therapie – notwendige Verknüpfung oder Widerspruch? 1993.

Band 40 Walter Kargl: Der strafrechtliche Vorsatz auf der Basis der kognitiven Handlungstheorie. 1993.

Band 41 Jürgen Rath: Zur strafrechtlichen Behandlung der aberratio ictus und des error in objecto des Täters. 1993.

Band 42 Martin Fischer: Wille und Wirksamkeit. Eine Untersuchung zum Problem des *dolus alternativus*. 1993.

Band 43 Regina Harzer: Der Naturzustand als Denkfigur moderner praktischer Vernunft. Zugleich ein Beitrag zur Staats- und Rechtsphilosophie von Hobbes und Kant. 1994.

Band 44 Helmut Pollähne: Lockerungen im Maßregelvollzug. Eine Untersuchung am Beispiel der Anwendung des nordrhein-westfälischen Maßregelvollzugsgesetzes im Westfälischen Zentrum für Forensische Psychiatrie (Lippstadt). 1994.

Band 45 Hans-Joachim Leonhardt: Rechtsmittelermessen der Staatsanwaltschaft. Eine Gegenüberstellung von § 296 StPO mit Nummern 147 und 148 Richtlinien für das Strafverfahren und das Bußgeldverfahren (RiStBV). 1994.

Band 46 Rolf Grünebaum: Zur Strafbarkeit des Therapeuten im Maßregelvollzug bei fehlgeschlagenen Lockerungen. 1996.

Band 47 Barbara Bialas: Promille-Grenzen, Vorsatz und Fahrlässigkeit. 1996.

Band 48 Christine Pott: Die Außerkraftsetzung der Legalität durch das Opportunitätsdenken in den Vorschriften der §§ 154, 154a StPO. Zugleich ein Beitrag zu einer kritischen Strafverfahrensrechtstheorie. 1996.

Band 49 Wolfgang Köberer: *Iudex non calculat*. Über die Unmöglichkeit, Strafzumessung sozialwissenschaftlich-mathematisch zu rationalisieren. 1996.

Band 50 Institut für Kriminalwissenschaften Frankfurt a.M. (Hrsg.): Vom unmöglichen Zustand des Strafrechts. 1995.

Band 51 Petra Kamberger: Treu und Glauben (§ 242 BGB) als Garantenstellung im Strafrecht? 1996.

Band 52 Anastassios Triantafyllou: Das Delikt der gefährlichen Körperverletzung (§ 223a StGB) als Gefährdungsdelikt. (Zugleich ein Beitrag zur Dogmatik der Gefährdungsdelikte). 1996.

Band 53 Norbert Kissel: Aufrufe zum Ungehorsam und § 111 StGB. Grundrechtlicher Einfluß bei der Feststellung strafbaren Unrechts. 1996.

Band 54 Susanne Ehret: Franz von Liszt und das Gesetzlichkeitsprinzip. Zugleich ein Beitrag wider die Gleichsetzung von Magna-charta-Formel und Nullum-crimen-Grundsatz. 1996.

Band 55 Stefan Braum: Geschichte der Revision im Strafverfahren von 1877 bis zur Gegenwart. Zugleich eine Kritik der Kontinuität politischer Macht im Recht. 1996.

Band 56 Katja Diel: Das Regreßverbot als allgemeine Tatbestandsgrenze im Strafrecht. 1997.

Band 57 Christoph Koller: Die Staatsanwaltschaft – Organ der Judikative oder Exekutivbehörde? Die Stellung der Anklagebehörde und die Gewaltenteilung des Grundgesetzes. 1997.

Band 58 Frank Schößler: Anerkennung und Beleidigung. Rechtsgut und Strafzweck des § 185 StGB. 1997.

Band 59 Regina Engelstädter: Der Begriff des Unfallbeteiligten in § 142 Abs. 4 StGB. Zugleich eine Kritik an aktuellen Zurechnungslehren. 1997.

Band 60 Jörg Reinhardt: Der Ausschluß und die Ablehnung des befangen erscheinenden Staatsanwaltes. 1997.

Band 61 Jens Christian Müller-Tuckfeld: Integrationsprävention. Studien zu einer Theorie der gesellschaftlichen Funktion des Strafrechts. 1998.

Band 62 Peter Maria Rohe: Verdeckte Informationsgewinnung mit technischen Hilfsmitteln zur Bekämpfung der Organisierten Kriminalität. Zugleich eine rechtsvergleichende Analyse der polizeilichen Abhörbefugnisse in den U.S.A. 1998.

Band 63 Dirk Fabricius: Was ein Lehrbuch lehrt ... Eine exemplarische Untersuchung von Jakobs *Strafrecht – Allgemeiner Teil*. 1998.

Band 64 Stefan Sinner: Der Vertragsgedanke im Strafprozeßrecht. 1999.

Band 65 Sebastian Schattenfroh: Die Staatsphilosophie Giovanni Gentiles und die Versuche ihrer Verwirklichung im faschistischen Italien. 1999.

Band 66 Athanassia Dionyssopoulou: Der Tatbestand der Geldwäsche. Eine Analyse der dogmatischen Grundlagen des § 261 StGB. 1999.

Band 67 Klaus von Lampe: *Organized Crime*. Begriff und Theorie organisierter Kriminalität in den USA. 1999.

Band 68 Christian Hanssen: "Trennung der Märkte". Rechtsdogmatische und rechtspolitische Probleme einer Liberalisierung des Drogenstrafrechts. 1999.

Band 69 Institut für Kriminalwissenschaften und Rechtsphilosophie Frankfurt a.M. (Hrsg.): Irrwege der Strafgesetzgebung. 1999.

Band 70 Konstantinos Chatzikostas: Die Disponibilität des Rechtsgutes Leben in ihrer Bedeutung für die Probleme von Suizid und Euthanasie. 2000.

Band 71 Bettina Wirmer-Donos: Die Strafrechtstheorie Karl Christian Friedrich Krauses als theoretische Grundlage des spanischen Korrektionalismus. 2001.

Band 72 Christine Löw: Die Erkundigungspflicht beim Verbotsirrtum nach § 17 StGB. 2001.

Band 73 Florian Ufer: Der Verwertungswiderspruch in Theorie und Praxis. Prozessuale Obliegenheiten des Verteidigers und ihre Bedeutung für die Rechtsposition des Beschuldigten. 2002.

Band 74 Katja Melzer: Psychisch kranke Straftäterinnen. Frauen im Maßregelvollzug. 2001.

Band 75 Gregor Kuntze-Kaufhold: Lebenswelt und Unparteilichkeit. Kriterien für eine Rechtsanwendungslehre am Beispiel der Analyse von fünf Hauptverhandlungen in Strafverfahren. 2002.

Band 76 Iris Kristina Passek: Die erstinstanzliche Zuständigkeit der Oberlandesgerichte in Staatsschutzstrafsachen. Historische Entwicklung und aktuelle Probleme. 2002.

Band 77 Michael Krebs: Die Weisungsgebundenheit des Staatsanwalts unter besonderer Berücksichtigung des rechtstatsächlichen Aspekts. 2002.

Band 78 Kerstin Degenhardt: Europol und Strafprozeß. Die Europäisierung des Ermittlungsverfahrens. 2003.

Band 79 Domenico Siciliano: Das Leben des fliehenden Diebes: Ein strafrechtliches Politikum. 2003.

Band 80 Marc Colussi: Produzentenkriminalität und strafrechtliche Verantwortung. 2003.

Band 81 Thilo Lars Hild: Grenzen einer strafrechtlichen Regulierung des Kapitalmarktes. Eine kriminalrechtliche Untersuchung von Börsengängen und Aktienhandel in Deutschland und den USA. 2004.

Band 82 Philipp Rau: Schweigen als Indiz der Schuld. Ein Vergleich des deutschen und englischen Rechts zur Würdigung des Schweigens des Beschuldigten. 2004.

Band 83 Alexandra Pfeiffer: Die Regelung der Lebendorganspende im Transplantationsgesetz. 2004.

Band 84 Elena Fischer: Recht auf Sterben?! Ein Beitrag zur Reformdiskussion der Sterbehilfe in Deutschland unter besonderer Berücksichtigung der Frage nach der Übertragbarkeit des Holländischen Modells der Sterbehilfe in das deutsche Recht. 2004.

Band 85 Jörg Ziethen: Grundlagen probabilistischer Zurechnung im Strafrecht. 2004.

Band 86 Stefanie Schork: Ausgesprochen schuldig. Dogmatische und metadogmatische Untersuchungen zum Schuldspruch. 2005.

Band 87 Claudia Schubert: Verbotene Worte? Versuch einer Neubestimmung im Umgang mit rassistischen Äußerungen jenseits des Strafrechts. 2005.

Band 88 Ulfrid Neumann / Cornelius Prittwitz (Hrsg.): Kritik und Rechtfertigung des Strafrechts. 2005.

Band 89 Denis Basak: Die Zuständigkeitsregeln internationaler Strafgerichte und Art. 101 GG. Zum Verhältnis der deutschen Strafgerichtsbarkeit zu den Internationalen Tribunalen für Jugoslawien und Ruanda sowie zum Ständigen Internationalen Strafgerichtshof. 2005.

Band 90 Hsiao-Wen Wang: Der universale Strafanspruch des nationalen Staates. Eine Untersuchung über das Weltrechtsprinzip im Internationalen Strafrecht. 2005.

Band 91 Leonie Frenz: Faktizität des Rechts in der forensischen Psychiatrie. Eine Untersuchung im LKH Moringen. 2005.

Band 92 Eva-Maria Unger: Schutzlos ausgeliefert? Der Europäische Haftbefehl. Ein Beispiel für die Missachtung europäischer Bürgerrechte. 2005.

Band 93 Marcus Bastelberger: Die Legitimität des Strafrechts und der *moralische Staat*. Utilitaristische und retributivistische Strafrechtsbegründung und die rechtliche Verfassung der Freiheit. 2006.

Band 94 Marc Reiß: Rechtliche Aspekte der Präimplantationsdiagnostik. Unter besonderer Berücksichtigung der Rechte der von einem Verbot betroffenen Paare. 2006.

Band 95 Alexander Kolz: Einwilligung und Richtervorbehalt. 2006.

Band 96 Vasco Reuss: Eine Kritik der juristischen Vernunft. Rezeptionsversuche der Negativen Dialektik Adornos für die Dogmatik des Strafrechts. 2007.

Band 97 Lutz Eidam: Die strafprozessuale Selbstbelastungsfreiheit am Beginn des 21. Jahrhunderts. 2007.

Band 98 Christiane Rüdiger: Schutzinteresse und Deliktsstruktur der „Bestechungsdelikte" (§§ 331 ff. StGB). 2007.

Band 99 Urte Eisenhardt: Das nemo tenetur-Prinzip: Grenze körperlicher Untersuchungen beim Beschuldigten. Am Beispiel des § 81a StPO. 2007.

Band 100 Institut für Kriminalwissenschaften und Rechtsphilosophie Frankfurt a. M. (Hrsg.): Jenseits des rechtsstaatlichen Strafrechts. 2007.

Band 101 Nils Möckelmann: Die rechtliche, psychiatrische und gesellschaftliche Beurteilung jugendlicher Straftäter in der jüngeren deutschen Geschichte. Eine Analyse anhand zweier Strafverfahren mit Gutachten des Psychiaters Ernst Rüdin aus den Jahren 1915/1917 unter Berücksichtigung der Entwicklungen bis zur Gegenwart. 2007.

Band 102 Alexa Albrecht: Zur Erosion der Menschenrechte im demokratischen Rechtsstaat. Reaktionen der Systeme und der Zivilgesellschaft. 2007.

Band 103 Dirk Lange: Die politisch motivierte Tötung. 2007.

Band 104 Ulfrid Neumann / Cornelius Prittwitz (Hrsg.): „Personale Rechtsgutslehre" und „Opferorientierung im Strafrecht". 2007.

Printed by
CPI books GmbH, Leck

FSC
www.fsc.org
MIX
Papier | Fördert gute Waldnutzung
FSC® C083411

Kolibri 360 GmbH
Ferdinand-Jühlke-Straße 7
99095 Erfurt, Deutschland
produktsicherheit@kolibri360.de